从前有个书生

CONG QIAN YOU GE SHU SHENG

魏晋篇

房昊——著

天津出版传媒集团
百花文艺出版社

图书在版编目（CIP）数据

从前有个书生. 魏晋篇 / 房昊著. -- 天津：百花文艺出版社, 2020.5
ISBN 978-7-5306-7804-6

Ⅰ. ①从… Ⅱ. ①房… Ⅲ. ①中国历史-魏晋南北朝时代-通俗读物 Ⅳ. ①K209

中国版本图书馆 CIP 数据核字(2020)第 066654 号

从前有个书生：魏晋篇
CONGQIAN YOU GE SHUSHENG：WEIJIN PIAN
房昊　著

出 版 人： 薛印胜
选题策划： 唐冠群
责任编辑： 胡晓童　唐冠群
装帧设计： 丁莘苡
出版发行： 百花文艺出版社
地址： 天津市和平区西康路 35 号　**邮编：** 300051
电话传真： +86-22-23332651（发行部）
+86-22-23332656（总编室）
+86-22-23332478（邮购部）
主页： http://www.baihuawenyi.com
印刷： 山东临沂新华印刷物流集团有限责任公司
开本： 787×1092 毫米　1/32
字数： 190 千字
印张： 10
版次： 2020 年 5 月第 1 版
印次： 2020 年 5 月第 1 次印刷
定价： 42.00 元

如有印装质量问题，请与山东临沂新华印刷物流集团有限责任公司联系调换
地址：山东省临沂市高新技术产业开发区新华路 1 号
电话：(0539)2925659　邮编：276017

序

魏晋风度是个很遥远的词。

其实历史本身也已经离我们很遥远。

什么叫遥呢,隔帘看花,水中望月,这叫去路迢迢,永无终期。

泛黄的照片,锈迹斑斑的青铜剑,你看得见,但无法置身其间。能置身其间的,是身边朋友的高谈阔论,是潮水一般涌来的房价压力与逼你稳定的现实。

除去历史的遥,生活里也有些东西是你曾经拥有,但终究变成水月镜花的。

陈年的热血在近处的沼泽里冷却, 从前肆意的大笑与长哭,回首时都变成中二少年的荒唐,没有任何意义,也不再值得期许。

还有旧爱的海誓山盟,说愿为一个姑娘倾尽所有,望见她笑,就望见花开。

时间的长河里沉没了不知多少朵花,几次浮沉过后,再往河中打量,朦朦胧胧,终于触摸不到了。

这是遥。

过往的伤心事，夜半饮酒后的三两热血，都是属于你自己的历史。

那什么叫远呢，远是个相对的词，比起远，我们更能理解近。

近的是宿舍，近的是教学楼，近的是百无聊赖的家与公司，我们穿行在十丈红尘之中，触目所及的都是近。

近的东西围困着你，抬起头，只见到四角方方正正的天空。

或许远处的东西也在你少年时吸引过你，你我想象着提剑去往天涯，见见更辽阔的风光。

奈何这世间所有的风光，似乎都不属于你我。

我们提起剑，面前就只有茫茫的人海，他们推搡着你，说不必再往前行，前方尽是荒野。

于是日复一日，我们困守在四方的天地里，再也去不了曾经想去的远方，只能对自己说，我终于接纳了自己的平凡。

抵达不了的彼岸，是远。

平凡的人生就是这样，无数人都是这样过来的，我们回首往昔却触摸不到，眺望远方却驻足停留，眼前所见的一切琐碎，就是生命的全部意义。

这样当然也很好，平凡人生里的美也总会惊心动魄。

只是我不喜欢这样。

小时候我看历史故事，武侠小说，长辈说看这些没用，都太遥远，太假，有这工夫不如多做几套练习题。

那时我就觉得很无聊，长辈们很无聊，练习题就更无聊。

很多年过去了，至今我仍然觉得很无聊，我觉得学生会里的一套一套很无聊，我觉得朝九晚五的工作很无聊，我觉得酒桌上的谈笑同样无聊。

生活本身就很无聊。

人们说这就是现实，那现实之中有什么呢？

再也没有浓烈的爱，更没有浓烈的恨，连惆怅也没有气质，悲伤也没有风度，沉郁与悲怆就只存在于书里。

我所喜欢的一切，都在遥远的过去与虚假的时空中。

我重新翻开沉埋已久的史册，时隔多年了，我见到史书里的一个个名字，像是见到了一个个老朋友。

魏晋风度，礼教岂为我辈设哉？

多少沉郁与悲哀，都化作一腔狂妄的放逐，那些书生在大时代的尘埃里起舞，将自己的光芒绽放，无论是生还是死，逃避还是对抗，都显得淋漓尽致。

这里有浓烈的爱，愿意为你生，为你死，更有浓烈的恨，北望中原，气吞万里如虎，惆怅时独坐白狼山，悲痛时中流击楫……

多么壮阔的舞台，多美的故事。

朋友说，美固然美，但遥远始终是遥远的。

其实承认历史的遥远，就是承认我们现实的遥远，承认我们追不回的过往，承认我们到不了的远方。

而我至今不承认这些。

这本书里的历史人物，没有那么严肃，没有那么刻板，或许你我被丢回那个时代，也会成为那样的书生。

历史从不遥远，这些人的嬉笑怒骂都如此真实，除了大悲大痛，他们也会在那个时代留下生活中的影子。

泛黄的照片会被擦亮，锈迹斑斑的青铜剑终将亮出锋芒，它们真实的细节固然朦胧不清，但它们的光芒会持续不停，在千年过后照进你我心中。

这些光芒，会让你我鼓起勇气，听到过往的回声，在远方与曾经的自己重逢。

共勉。

房昊

2020 年 4 月 30 日

目录

第一部分　帝国落日的余晖

第二部分　旧时代的残照与风骨

第三部分　风流公子的高歌

第四部分　时代夹缝中的痛苦者

第五部分　沉默的耕耘者

第六部分　北望神州的喟叹

第七部分　令人沉醉的魏晋风度

第一部分 帝国落日的余晖

从前有个书生，玉树临风，才高八斗，年纪轻轻就名声在外。

只可惜与太监的义女订了婚。

订婚那年，其实书生只有两岁。在他的少年时期，经常听到讥讽，说他家贪恋权势。

那会儿太监已经入土多年，无权无势，这些嘲讽传到未婚妻耳中，姑娘便总怕自己会被赶走。

书生笑着说我们一起长大，你还不知我的为人，该罚呀。

姑娘就吐吐舌头，娇俏一笑。

某个桃花如雨落的日子，书生大婚，无视那些非议，仍旧娶了已故太监的义女。

而且终其一生，未曾再娶纳妾。

随着书生才名渐高，讥讽声也慢慢消散，毕竟天下大乱，书生去哪都是座上宾。

比如袁绍，听说书生来到附近，当即大宴，书生却不发一言，他还要仔细看看袁绍。

那个乱世，大风卷水，林木为摧，大道日丧，卑鄙者与英雄并起于中原。

书生在袁绍那儿的时候，正赶上诸侯联军共伐董卓，袁绍当选盟主。

袁绍当了盟主，却不出兵，真正与董卓交锋，为大汉出力的，只有三个人。

有两个认清诸侯嘴脸，叹气走了。

还剩最后一个人，他大怒，说诸君北面，我自西向！于是孤愤出兵，追击董卓。

结果险些身死，大败而归。

书生记住了这个人，这个人名叫曹操。

那天书生很兴奋，跑回家里对娘子说："我终于找到明公了！可惜明公挣扎在污浊的世道里，徘徊在生死之间，我得去帮他，我得去帮他力挽狂澜，建不世之功！"

娘子就忍不住笑。

某个深夜，书生从袁绍那儿溜走了。

这是书生与曹操第一次见面，曹操哈哈大笑，逢人就说这是他的张良。

那一夜他们指点江山，曹孟德眼里都是光，都是火。

两人目光一碰，洒出来的火就能燎原。

那夜以后，书生迅速被重用。

几年后曹操攻徐州，书生镇守后方，恰逢陈宫、吕布前来，煽动将士作乱，准备一举灭曹。

临危之际，书生做主调兵回防，连夜杀了作乱者数十人。

不久，数万叛军又至，书生不顾生死，孤身去见作乱的叛军主将。

沙场风扬，刀剑折光，书生负手而来，言辞激烈，坦然不惧。叛军猜测城中势必防备森严，强攻难胜，遂撤兵而归。

书生笑着抬头，烈日正照汉家旌旗上。

“未负明公，荀彧幸不辱命。”

那年曹操平乱，回城之时，书生正立城门，阳光洒下，曹操下马，扶着书生的肩膀就是一阵长笑。

这样美好的时光，在书生劝曹操迎立天子之时，达到了顶峰。

书生为侍中、尚书令，掌控朝廷各方事务。

那年，曹操朝书生挥手说：“我走啦，去打袁绍去啦，你和奉孝那十胜十败很好，但孤若是回不来……”

书生定定地看着曹操：“明公必胜袁绍。”

曹操哈哈大笑说：“好！等孤得胜回朝！”

可惜半年后，曹操支撑不住还是想撤。

书生写信说，明公必胜袁绍，机不可失！

远方的曹操拍案而起，决定死扛到底。

有人说：“曹公不能信啊，那么多人私下联系袁绍，书生的兄弟又在袁绍那儿……”

曹操一挥手，摇摇头，笑得很自然。

许都城中，望天的书生深吸口气，这样混浊的世道，倘若明公都战败身亡……那自己，就随明公而去吧。

好在，官渡一场大胜。

坏在，官渡一场大胜。

那次回京之后，汉献帝私下对曹操说：“倘若你不想辅佐朕了，请你给朕个痛快。”

曹操与荀彧喝酒说：“我当场就惊出一背冷汗，到现在我都不敢再见皇上。”

月挂中天，书生静静看着曹操说：“明公，只要此心中正，共扶汉室，那衣带诏之鲜血，秉持朝政之权势，千载以下都有公论。”

曹操喝酒的手停下来，他望着月亮，须臾笑出声说：“不错，只要此心中正，共扶汉室！”

二人碰杯饮酒，目光里似乎又有烈火。

酒醒后，晓风残月，二人背转过身，都知道当年事已不可为。

那些天书生很沉默，有朋友来问，只说赤壁一败，明公很难一统。

朋友还笑，说称呼该改了，曹公早是丞相了。

书生叹了口气，低声说：“是啊，那以后该叫丞相什么呢？”

朋友哈哈笑着说：“慎言，慎言哟。”

书生的心脏像被大手攫住，痛楚像虫蚁啃噬。

娘子问他：“这是为什么呀？”

书生苦笑说：“我懂，我一切都明白，明公走到今日，已经无法回头了。”

只可惜理解，不意味着赞同，当有人建议曹操加九锡，称魏公的时候，书生终于站出来，扬声否决，视死如归。

曹操深深吸气，闭上眼睛，微微仰着头颅。

仿佛是不想让泪水流出。

那天，书生拖着病体，去见曹操最后一面。

君臣二人相对无言，良久良久。

曹操忽然缓缓道：“文若啊，是孤对你不住，孤也没能对得住自己。”

书生笑着流出泪来说：“有明公这句话，荀彧此生足矣。只可惜，明公永远只是臣心中的明公，那些丞相、魏公、魏王乃至更高的名位……都不是臣当年所认识的那个人了。大道日丧，臣只记得明公是拔剑的雄才，不认得这个像袁绍一样，图谋高位的枭雄。”

曹操嘴唇颤抖，他看着书生向他施礼，告退，突然吼出声来：“大汉已经亡了，天命已断！孤不自欺欺人，文若何苦自欺呀！”

书生沉默很久，最终他指指自己的心说：“此心中正，共扶汉室，臣不敢自欺，更不敢认命。”

那一瞬间，曹操像骤然苍老了五十岁，他看着书生施完礼，转身离去。

次日，书生服毒自尽，桌上留着从丞相府拿回来的一个空食盒。曹操放声痛哭，趴在书生灵柩之上，仿佛还能闻到书生一辈子留下的香气。

荀令留香，书生名叫荀彧。

参考文献：

《三国志》陈寿、裴松之，中华书局2006年版。

从前有个浪子,青衫落拓,载酒江湖,不是与游侠试剑,就是跟美人搭讪。

彼时天下大乱，朋友劝他要与名门子弟来往,才能扬名立万,有安身之所。

浪子喝着酒,笑得浪荡说:“美酒不可糟蹋,美人不可唐突,我有醇酒美人,夫复何求?”

朋友无语。

其实朋友知道,浪子心中有抱负,朋友便硬拉着浪子去上班。

结果只半年,浪子就溜了,说:“酒也不让喝,也见不到个漂亮姑娘,我躺在桌上睡会儿觉,都有人给我脸色看,别了吧。”

朋友无语。

朋友也只能说:“不是我说你,你总这么由着性子来,谁能容你?人生在世,注定要身不由己。”

浪子就笑,饮酒,指着满目疮痍的天地,说你看这世道,朝生暮死,浮生匆促,谁都只能执着一事。

有些人执着名利，醉生梦死；有些人执着过去，于寒风中挣扎，不死不休。

浪子低头一笑说：“我不像前者无耻，更不如后者高贵，我只想在乱世中尽欢而散。如今我已经不能君臣相知，浮生尽欢，又何必去身不由己？”

许多年以后，有个词叫魏晋风度，其实在东汉末年的悲歌里，便早有浪子这样的人。

那六年间，浪子仗剑饮酒，风流乡里。

直到他的朋友又来找他。

这位朋友叫荀彧，是个执着过去，于寒风中挣扎，不死不休的人。

浪子笑了笑说：“好，我给你个面子，去见见你家明公。”

结果，一见曹操误终身。

那夜浪子提酒见曹操，曹操不仅没骂他，还招招手，让浪子给他倒点酒喝。

两人指点江山，兴致起来，曹操吟诗高歌，浪子披头散发，大声说好。

出门后，曹操逢人就说：“使孤成大业者，必此人也！”

浪子半醉，也扬声大笑说：“君臣相知，浮生尽欢，上苍待我不薄！”

那些年，浪子在曹操帐下，仍旧天天喝酒，放纵不羁，但无论谁去参他，曹操都不理会。

不仅如此，曹操外出征战，还都带着浪子，浪子出谋划策，常伴主公左右。

那年攻伐吕布，打到最后，兵士疲乏，曹操来回踱步，正想着要不要退。

浪子一笑说："打呀，吕布有勇无谋，刻薄寡恩，气势衰竭之时，正该一鼓作气。"

这才有水淹下邳城，白门楼擒杀吕布。

浪子一向喜欢赌，凭空赌其他人的反应。

那年刘备从许都脱身，攻下徐州，曹操派兵去打，又怕袁绍偷袭。

浪子说："袁绍是个蠢货，不会的。"

曹操说："……那万一会呢？"

浪子说："那就等死，反正你不打刘备，迟早也是腹背受敌，一样等死。"

曹操一阵大笑说："孤的大营里，也就只有你敢这么说话！"

浪子也笑说："天下之大，也就只有曹公会容我这样说话。"

那一战，袁绍真就没出兵。

官渡之战时，有消息说孙策要偷袭许都。

曹操说："撤不撤，偷家了！"

浪子说："没事，孙策迟早被野怪打死，信我。"

曹操无语。

没几天，传来孙策的死讯。

乱世的浪子充当预言家，信口开河，就有尸横遍野。

几年以后，袁绍败亡，曹操在袁绍的坟前大哭，哭他逝去的朋友，哭他孤独着走过的路。

他身边的人，都忙着为背后的门阀牟利，忙着为过去的大汉殉葬，而曹操夹在两者中间，经受着两者的背叛，踽踽独行。

唯有一个浪子叹着气，走到曹操身后说："主公看开点吧，浮生仓促，这世道里的英雄都注定会死，不过是如何赴死罢了。"

曹操抬头闭目，点点头，一任泪流。

浪子之于曹操，不唯君臣，更是知己。

因为浪子无所求，不求功名，没有世家，终其一生，只为一展胸中抱负。

所谓，尽欢而散。

曹操唏嘘说："从前我也如此，那会儿，我的梦想是做大汉的征西将军。"

浪子重重一放酒杯说："那就去啊，痛击胡虏，扬威万里，岂不快哉！"

曹操摇头说："不行了，位置越高，越身不由己。"

浪子沉默下来。须臾，浪子又笑说："没事，你等着，一定会有这个机会！"

那晚浪子眼里的光很盛，曹操一拍大腿说："好，孤等着！"

那两年，浪子用计，袁绍两子自相残杀，一死一逃，逃亡者奔赴乌桓。

浪子笑着请命出兵，远征胡虏。

这当然不是为了袁氏余孽。

这次远征，是为了秦汉以来的悍厉英雄气，是为了曾经大汉王朝的余晖，是为曹操心中的梦，是为绽放浪子这一生全部的光彩。

曹操笑了，他当然明白浪子苦心，当即决定大军出征，痛击胡虏。

浪子的身体已经千疮百孔，却力求跟着曹操出征，曹操久久地凝视他，最终还是同意了。

白狼山前一场大战，曹操遭遇乌桓大军，他与张辽冒险乘高突进，像是从前霍去病封狼居胥，打得胡虏溃不成军。

仿佛中原尚不是乱世，泱泱大汉仍旧强盛，而曹操身为汉征西将军，扬威万里之外。

浪子站在高高的山头，双唇发白，眸光却亮，他朗声大笑着，就此燃尽了一生。

那是曹操最辉煌的时刻，远比魏王更加辉煌，但这也是曹操最哀痛的时刻之一。

他收兵回城，只见到病榻上垂危的浪子。

曹操颤抖着说："奉孝，奉孝你要撑住啊，孤回到许都，还要封赏于你……你这般年轻，孤还要把身后之事托付给你啊！"

浪子当然就是郭嘉，郭嘉笑着，目光游离说："得遇主公，臣已知足，虽死而无恨。只可惜臣年少时，醉酒高歌，放纵不羁，置生死于度外……倘若早知能遇到主公，臣唯愿长命百岁，守主公。累世无忧。”

柳城风沙不休，那对饮马黄河，醉酒高歌的君臣，却再也看不见了，只剩下形影相吊的主君，风沙里纵声长哭。

参考文献：

《三国志》陈寿著，裴松之注，中华书局2006年版。

《〈傅子〉评注》傅玄著，刘治立校注，天津古籍出版社2010年版。

那年一个庞大的帝国正处在日落的边缘，大汉的凯歌已经渐行渐远，而洛阳城里的少年，对这一切还未曾发觉。

少年是个富二代，只是他爹出身不太好，乃是宦官的养子。

这会儿宦官乱政，跟清流名臣相互厮杀，着实砍了不少人头，祸害着残破江山。

于是少年经常被人排挤说："你是宦官之后，怎么宦官也会生儿子的吗？"

然后就是一阵哈哈大笑。

少年自然不是宦官的儿子，不过是他的父亲被过继给了宦官，但他知道，嘲笑他的人都明白这件事，自己解释是没用的。

直接抡拳头打就好。

当然，少年也有打不过的时候，行走在陋巷中，飞鹰走犬的荒野外，有时就会被突然冒出来的其他二世祖追杀。

少年跟朋友说:“不行,我们也得找人,发展点属下。”

朋友笑了笑说:“你才知道?”

少年与朋友对视,他从朋友的眼神中看到了另一个自己。

这位朋友也是洛阳城中不受待见的人，他是一个大家族的庶长子,如果按家族培养的规矩慢慢做官,慢慢发展,应该也没什么问题。

然而这位朋友心气很高。

朋友想,那个嫡子有什么本事,只有我才能撑起我的家族。

于是开始闭门,结交江湖人士,史称:好养死士。

朋友对少年说:“你不养不行，万一哪天我那个智障弟弟想除掉我呢?万一朝局又有变动,你爹那群宦官想对我家动手呢?”

所以少年就明白了,为什么自己跟这个人能成为朋友,他们都一样,生活在鄙视和危险里,都变成了机警和权变的人。

不过偶尔也能见到他们的少年心性。

比如两人一起去抢别人家的新娘。

没错,这位少年正是曹操,曹孟德,而朋友则是袁绍,袁本初。

那天他们抢了新娘,带着姑娘逃走,曹操出卖了袁绍两次,说有贼人来啦,快抓啊!

袁绍一头雾水。

曹操趁机抢了新娘,大笑着跑了。

袁绍惊呆了。

可又有什么办法，袁绍只能跟着曹操跑，结果慌不择路，还掉到荆棘丛里。

曹操大喊："快来啊，贼人就在这呢！"

袁绍一头雾水。

袁绍大骂曹孟德，奋力挣扎出来，这才跟着曹操跑出了追杀范围。

完事就准备找曹操算账，曹操笑嘻嘻地说："我不这么喊，你能从荆棘丛里出来吗？我这是为了你好啊。"

袁绍虽然觉得哪里不太对但竟然也无言以对。

袁绍又回过神来说："不对啊，那你一开始为什么要说贼人进门，让他们都来抓我？"

曹操摇头叹息说："袁本初你这个脑子就不要想支撑家业了，我不调虎离山，又如何能抢来新娘呢？"

新娘就站在一旁，百无聊赖地看着他们扯淡。

袁绍一拍大腿说："曹阿瞒，你真不是个东西。"

曹操又笑起来说："你看哪，这次行动我居功至伟，新娘自然该是我的，对不对？"

袁绍此时便不同意了，他指着新娘说："那不成，得让新娘自己挑。"

毕竟袁绍也是洛阳城里有数的美男子，比起曹操无论如何都有优势。只是袁绍没有想到，新娘最后还是选了曹操。

新娘说："你太笨了，我要是跟你走恐怕被人卖了你还会替人数钱。”

曹孟德哈哈大笑，袁本初仰天长叹。

后来他们三人坐在一起喝酒，新娘说：“你们俩到底什么意思，明天我跟谁走啊？”

袁绍说：“明天你自己回去得了，我们就是劫个新娘比较好玩，完事再看看新娘到底选谁，比个胜负。”

新娘说：“真是两个小浑蛋啊。”

曹操摇摇头说：“也不能这么讲，我们都是调查过的，你跟你未婚夫也没什么感情，不然也不会挑你下手。”

袁绍补充道：“当然，你也够漂亮。”

新娘咯咯笑起来说：“以后不知有多少小姑娘要坏在你们手里。”

曹操说：“其实比起小姑娘，我还是更喜欢你这种为人妻的美人，有韵味。”

新娘翻了个白眼说：“行吧，那我明天就回去了，有什么麻烦我帮你们担着，再给我些酒喝。”

曹操与袁绍面面相觑，不知自己劫了个什么样的姑娘。

那天晚上他们说了很多，袁绍觉得天下就快要乱了，他要积蓄力量，成为一方诸侯。

曹操则认为大汉的凯歌还萦绕耳旁，无论是什么样的局面大汉都能挺过来，曹操说：“我小时候有人给我批命，说我是治世之能臣，再过几年我出仕为官，我一定会是天下能臣。”

曹操指着袁绍笑说:“到时候你若作奸犯科,我可饶不得你。”

新娘在旁唏嘘说:“我总觉得以后我会以认识你们这两个小浑蛋为荣。”

夜风阵阵，大醉的曹操站起身来，指着星空说:“汉征西将军,我来了!”

几年以后,飞鹰走犬的少年消失了,曹操开始为官,他意气风发,打马进了洛阳城的官邸。

而与此同时,还有另一个朋友,比袁绍给曹操的印象更加深刻,也更加长久,也来到了洛阳城。

这个朋友吐出胸中的风霜与林雾，他跋涉了很远才来到洛阳,见到洛阳的城墙,高头大马和富贵人家传出的管弦音乐,心生向往。

他想,这一切我都会有的。

这时候他回头,目光与驾车的一个年轻人相遇了,路旁的人说:“这是新上任的洛阳北部尉曹操,曹孟德。”

穿过汹涌的人流,曹操的目光也找到了这个少年,一个老成的少年,他在不久之后就知道了他的名字。

刘备,刘玄德。

他们相视一笑,很快分散在偌大的洛阳城里。

当他们再次见面的时候,还是被袁绍引荐的。那天曹操跟袁绍喝酒,他很不满朝中的宦官和权贵,视律法为无物,欺百姓如牛羊。

更加沉稳的袁绍放下酒杯，他说："如果你想对付宦官，我倒是可以帮你。"

曹操笑着说："你放心，我是要做汉征西将军的人，不会倒向宦官的。"

袁绍说："好，那我给你推荐一个人，他年纪不大，洛阳周围的年少江湖人争相依附，或许有些事我和他可以暗中帮你。"

曹操说："这人是谁？"

袁绍说："此人在洛阳城郊读书，名叫刘备，刘玄德。"

那个曾经有一面之缘的少年又站在曹操眼前，他们相视一笑，准备携手为这个垂暮的大汉帝国做些事情。

于是在洛阳城的暗夜里，刘备与袁绍的游侠势力开始为北部尉曹操搜集情报，剑光和刀光在星辰的照耀下一闪而没，他们打退了蹇图的手下，抓住了这个夜犯宵禁的贵戚。

袁绍和刘备望向曹操，曹操还在门前摆弄着他的棍子。

他满意地看着五色棍，笑着说："我要让这个洛阳城焕然一新，立五色棍，有犯禁者无论何等身份，皆棒杀之！"

五色棒一出，京城哗然，宵小莫不敛迹。

只是或许还有些心怀怨恨的肉食者们，想暗中给曹操一些警告，这些警告都被袁绍和刘备挡下了。

那年他们笑着举杯，高歌饮酒，仿佛天下事弹指可定。

然而京城是容不下少年人的。

曹操很快被调去了乡下，官职倒是升了，要他做县令，只是他的五色棍再也动摇不了这个帝国。

后来的几年，曹操像无数个年轻人一样，面对死水一潭的世界，闷头撞过去。

上书劝谏，也提枪上马平定黄巾，也为官一任造福一方。

奈何死水一潭的世界没有改变，即便你头破血流，也仍旧无人问津。

那年曹操又回到洛阳，折腾了这么几年，朝中多的是人看不惯他，他能回洛阳当官，靠的还是他的家世。

有时候曹操喝多了，问袁绍说："我跟我恨的那群人，又有什么不同？"

袁绍给他倒酒说："你会问这么一句，说明你已经与他们不同了。"

旁边又有刘备，刘备这些年过得比曹操还惨，他在死人堆里装过死，也曾受过督邮的气。刘备是何许人，中山靖王之后，岂能受这等小人的气？

刘备把督邮绑起来，打了足足两百多鞭，弃官而走。

只是弃官之后，几次从军征讨，还是行走在刀尖上，好在他的兄弟英雄善战，他自己也算得上老江湖，这才有机会活着回到洛阳。

刘备说："其实老曹你已经很幸运了，后世有句名言，叫出淤泥而不染，你当得起。"

曹操喝高了，猛地一摔杯子说：“呸，我要是能杀掉几个宦官，那我才当得起！”

袁绍眉头一皱，作为曹操的发小，他突然有种不妙的预感。

曹操却像是被自己惊醒，他大笑拍案说：“对啊，我还可以去杀宦官，拿我的刀来，我要去杀张让！”

刘备一头雾水。

袁绍扶额说：“别看着了，这货你拦不住的，走吧走吧，他要是失败了咱还得救他呢。”

刘备一脸茫然，心想我这么多年生生死死走过来，战战兢兢，如履薄冰，才有这么一点点的基业与人脉，命可以这么随便挥霍的吗？

还真可以。

曹孟德有一种自我毁灭的情结，这一生他都没有摆脱，只是克制得极好。

那天晚上，这三人又像很多年前一样，提刀提剑，蹿上墙头，要去杀大奸臣。

当然，还是失败了。

失败的曹操仰天大笑，仿佛这么多年的郁闷一吐而出。

不久之后，就是何进召西北的董卓入京，想杀掉宦官，结果宦官先下手为强，杀了何进。在董卓进京的那个大火之夜里，袁绍提着剑，逼死了祸乱国家许多年的宦官。

而大汉的最后一个篇章，也随之拉开帷幕。

这是汉征西将军曹操最后的挣扎，这个梦想浇筑在他的身上，让他背负着大汉前行。

直到他在逃亡路上杀了吕伯奢。

或许刘备那时就在他身边，按王粲的说法，灵帝末年，刘备与曹操同在洛阳，还与曹操俱还沛国。

那么他应该是见到了吕伯奢的尸体，或许就在这一瞬间，刘备已经在心里与曹操划清了界限。

“这个人不再是我的朋友，不再是我的同道了。”刘备想，“大汉帝国不会出现这样的一幕，世家门阀出身的人，永远无法重现高祖的江山。”

而彼时的曹操闭着眼，他的手也在颤抖，他的脑海里也乱作一团。

这不是他杀的第一个人，但这是他杀的第一个故人，而且是对他没有敌意的故人。

仿佛少年时的鄙夷与嘲讽，这几年间的郁闷与困顿都袭上心头，曹操从小接受的都是士大夫教育，他知道自己的高贵与责任，他不允许这个帝国这样沉沦。

同样也不允许自己杀吕伯奢。

但自己已经杀了。

所以曹操睁开眼，他旧时的梦想在此刻开始破灭，他说：“宁我负人，毋人负我。”

刘备沉默地站在一旁，他不会像演义里的陈宫，一言不合就拔剑离去。固然他在很多年以后都保有大汉曾经的炽烈光辉，去孤军救徐州，去携民渡江，但此时他的道路还没有与曹操彻底背道而驰。

他是中山靖王之后，他懂得大局为重。

所以刘备只是拍拍曹操的肩膀说：“没事，我们继续走吧。”

这只是一个再渺小不过的插曲，随后才是盛大的舞台——天下诸侯讨伐董卓。

在这个舞台上，曹操为自己前半生做了最好的落幕表演，一场盛大的告别。

董卓的军队难打，各路诸侯都存着积蓄实力的心思，就连袁绍也不例外。或许曹操曾经闯过袁绍的军帐，问他为什么。

然而这里已经没有洛阳城里抢新娘的少年了，只有诸侯盟军的盟主袁本初。

袁绍说：“曹操，大汉已经没救了。”

曹操用最激昂的语调，冲所有人大声嘶吼，他说：“诸君北面，我自西向！”

你们去北面迎你们的新皇帝吧，我要去西边追击董卓，我要还天下一个朗朗乾坤。

这是少年曹操的最后一腔孤勇。

他想，假如我死在这里的战场上，为大汉殉葬，我便永远是汉征西将军。

那天他从兵荒马乱里杀出来，耳边全是飞溅的鲜血带来的风声，木叶萧萧，马蹄嘚嘚，曹操抬起头，说："原来我没有死。既然我没有死，大汉的征西将军也已经尽力，接下来我要为自己活了。"

或许是这场落幕的孤勇太耀眼，或许是曹孟德最后的纯粹太动人，他在收拢败军，前往青州、兖州讨贼的时候，遇到了一个人。

那人说仰慕他的所作所为，离开袁绍，特来投奔。

这人名叫荀彧，曹操与之彻夜长谈，哈哈大笑，说这是我的子房。

此后的日子，曹操过得比较顺遂，凭着他强大的军事才能和荀彧的统筹能力，很快站稳了脚跟，拥有了逐鹿中原的资本。

而新的战争很快开始了，目标是徐州，徐州将领杀了曹操的父亲。

那年曹操的头开始疼，他绞尽脑汁也想不明白，自己什么都没有做错，即便自己从诸侯联军的生死场上退下来，也没有袭杀大汉的官员。

自己仍旧是剿匪、平叛、保境安民，为什么自己的父亲就死了呢？

天子一怒，伏尸百万，曹操一怒屠城，徐州流血漂橹。

他没想到，他印象中的聪明人，那个少年老成的朋友刘备，竟然不远千里，要来阻止他屠遍徐州。

所带人马，不过区区几千人。

这一幕让曹操脑海中那个曾经的汉征西将军又冒出来，那个纯粹的，只有年轻时才有的梦想又冒出来，他的头不住地疼，只想尽快结束这场战争，把刘备抓回许昌。

奈何出了意外。

这个意外在曹操的生命中是常态，因为其实意外只不过是两个字——背叛。

陈宫背叛了他，整个兖州都背叛了他，在他与徐州开战的时候，他的老巢面临倾覆之忧。

他用鲜血，用好友鲍信的性命扫平了这里的乱贼，却迎来了兖州世家大族的背叛。

曹操仓皇地回去了，背叛者勾结吕布，与曹操对峙，久战之下，曹军的粮草几乎消耗殆尽。

茫茫荒野上，曹操收到了袁绍的信。

袁绍说，我还记得我们曾经的友谊，你来投奔我吧，我们一起共创大业，你把妻儿送来，我能保他们活命。

曹操坐在荒野里，心想我的路是不是已经走到尽头了。

他想过放弃，真的去投奔袁绍。

有人说："明公不必自扰，以您的雄才大略，没有什么跳梁小丑可以阻挡您。"

风声猎猎，曹操回过头，看清了这人的面目，哦，原来是程昱啊。

程昱说："既然三军缺粮，属下愿为明公分忧。"

程昱拨马回头，他分忧的法子也很简单，他带兵劫掠，以人肉为食。

这一切曹操自然是知道的，他不会真的以为这是程昱做出的决定，所以自己就能干净。他明白，自己必将彻底钉在历史的耻辱柱上。

梦里的汉征西将军，早已经灰飞烟灭了。

曹操再一次站起来，他决心不择手段，决心用尽一切力量，带领着自己这群追随者，走到乱世的尽头。

而与此同时，兖州的荀彧孤身退敌，联络三郡，稳住了后方。

僵持长达一年之后，曹操终于凭着自己出色的统帅才能战胜了只会冲锋陷阵的吕布，夺回兖州。

这一次，曹操开始认真思索未来的道路，他不再随遇而安了，能保障自己的唯一途径，就是变得强大。

无独有偶，那一年，汉献帝自长安东归，号召天下诸侯勤王。

袁绍想过去迎汉献帝，又怕汉献帝来到之后，自己要束手束脚，还有源源不断的汉室忠臣来找自己的麻烦。

所以他放弃了。

而从小就生于忧患，如今屡经变故，已经越发残酷敏锐的曹操出手了。

曹操迎献帝，挟天子以令诸侯。

其中出力最大的，还是那个从袁绍军中跑来的荀彧，或许在迎献帝之后，荀彧跟曹操还有过一场大醉。

星月高悬，朱门碧瓦，荀彧身上带着袅袅香气，他已经是大汉的尚书令了，他说："或许大汉真的能再次站起来。"

曹操深吸口气，趁着酒意说："不错，孤与文若共扶汉室，焉能败北？"

君臣一起大笑，这两年是曹操出道以来最开心的两年。他还遇到了郭嘉，这是一个知己，跟他同样有不羁的风流，同样也明白英雄的壮志。

与此同时，曹操被献帝任命为司空，在小小的朝廷上位极人臣。

他还要南征张绣，开疆拓土，把宛城纳入囊中。

然后，然后就出了意外。

本来事情是很顺利的，张绣投降了，曹操进城还志得意满，兴冲冲地问：城中有妓女否？

结果就找来了张绣的婶婶，一通胡天胡地。

刚刚投降的张绣心里本来就有气，如今更是气不可遏，挥军就杀向曹操。

或许彼时的曹操还光着屁股，但闻帐外兵荒马乱，只顾起身就跑。那个叫典韦的铁塔般的汉子立在门口，替曹操断后，曹操的长子把曹操扶上马，自己死在乱军之中。

曹操灰头土脸的活了下来，儿子和爱将却再也回不来了。

他抬头望着茫茫星空，突然痛哭流涕。

那年之后的曹操回到许昌，变得越发心思深沉起来，他找过张绣复仇，没能成功，随后调转矛头对付吕布。

这次他赢了，徐州终于成了他的。

徐州还有一个他的老友，被吕布袭取徐州后，正流离失所。

曹操也没有想到，自己在半路上就遇见了这个老友。

老友当然就是刘备。

这让他回想起很久很久以前的时光，那仿佛已经是上辈子的事情，但曹操还是大笑起来，他对于那段时光总是充满了向往。

他与刘备一起登车，揽着他谈天说地，上表请皇帝封他为豫州牧、左将军。

曹操一定也对刘备说过，你看我现在匡扶汉室，复兴有望，你来帮我如何？

刘备也一定拒绝过，他看着表面上欣欣向荣的许昌，已经看到了里面的危机。

许昌城里有过一件小事，汉献帝有一次私下里问曹操说："你究竟是不是来辅佐我的，如果你是，就请让我参与决策，如果你不是，请给我一个痛快。"

曹操冷汗涔涔而下，他仓皇叩头，不敢回答一言，退出了门外。

此后曹操再也没有单独见过汉献帝。

刘备说："你终究还是不敢面对汉家天子。"

曹操摇摇头说："不是，我只是不敢面对曾经的自己。"

刘备说:“其实我也很好奇,现在的你究竟在想什么呢? ”

曹操没有回答,他抬头望着青梅,只说:“梅子熟了,我们去喝点酒吧。”

那天他们历数天下英雄,最终曹操给刘备下了断语,他说:“天下英雄,唯使君与操耳。”

今后的很多年里,曹操都对刘备说过类似的话。

不久后袁术称帝,刘备以征袁术的名义讨了兵马离去,便再也没有回来。

当时许昌城里,衣带诏事件被揭发,曹操端详着手里的剑,最终手起剑落,大杀四方。而屠刀落下的时候,刘备也得到了消息,他悄无声息地斩了车胄,重新夺回徐州,宣告了与曹操的决裂。

只是刘备没有想到,曹操竟然没有顾及袁绍给予的压力,还是要先打自己。

曹军众人也没想到,但曹操去意已决。

许都城的大殿上没有风,只有停不住的议论,他们都认为袁绍才是当务之急,刘备不过是疥癣之患。

曹操坐在高处,他最近喜怒无常,没人能看出他的心思。

曹操轻叩桌案,便无人再说话了。没有人比他更了解刘备和袁绍,袁绍好谋无断,自己去打刘备,袁绍未必会驰援。

而刘备……曹操环视自己的属下,说:“刘备,人杰也,吾将生忧此人。今不击,必有后患。”

曹操决定的事向来没有人敢质疑，他整顿兵马，杀向曾经的老友。

好在刘备这个人杰的军事才能比不上曹操，曹操冲到徐州，很快击败了刘备，并俘虏了刘备的家眷以及二弟关羽。

然后曹操就又看到了自己的梦想化身。

那个汉征西将军的少年梦，始终盘旋在曹操的心里，那个未曾落幕的大汉帝国也在他的脑海中挥之不去。

关羽在曹操的军中，为曹操解围，单骑斩颜良，却对名利视如浮云，只想去寻刘备。

曹操问关羽："我对你也不错吧，我能给你的都可以给你，你就没有什么表示？"

关羽说："愿为将军赴死。"

曹操眼前一亮，又问他："那刘备呢？"

关羽说："愿与刘将军共死。"

曹操无语。

曹操的心宛如在滴血，他明知道放走关羽，日后很可能成为自己的心腹大患，但他还是舍不得就此杀了关羽。

或许有人劝过曹操，曹操就很激动，说多好的一个人啊，你们为什么偏要杀他呢？

众谋士也无语。

曹操冷静下来说："是，杀的确是应该杀，但我就是不想杀，你们有什么意见吗？"

没意见没意见，不敢动不敢动。

遂有千里走单骑，放关羽一条康庄大道。

曹操望着关羽远走的背影，唏嘘不已，心想上天对老子实在是不公平，我经历那么多背叛，那么多恶意，我又如何能纯粹起来？我做不了关云长了。

他喟叹完，转身背对着落日，便又挥袖踏往北方的战场。

在这之间又发生过许多小事，比如张绣再一次投降，而曹操竟然能真的接纳了他。后来他把军队开往北方，与袁绍决战，最终官渡险胜，他成为北方唯一的霸主。

这些都是小事，更大的事是几年以后，袁绍死了。

这个曾经的朋友与仇敌，年少的玩伴与大汉世家的佼佼者，终于也死在了帝国的余晖里。

曹操大哭了一场。

他没有那么虚伪，曹操有许许多多的毛病，他残酷、多疑，但他从来不屑于遮掩自己的欣赏与悲痛。

他是真的很痛心袁绍的离去。

那年与袁绍开战之前，刘备还在袁绍的帐下，把青梅煮酒时节，曹操攻打袁绍的计划和盘托出。

刘备背叛了他。

曹操把自己的舌头咬出了血，让自己记住，以后一定要慎言。

与袁绍开战之前，许多在曹操手下的官员将领，纷纷给袁绍写信表忠心，纵然曹操一把火把这些信都烧掉了，但其中有什么人他心里有数。

这世上没几个他可以相信的人了，连故人都不剩下几个。

如今袁绍也死了，那个抢新娘、说旧梦，与他一起从旧时代走来的人又缺席了一个。

在袁绍阴养死士，巴不得天下大乱，想从中称王夺权的时候，曹操还在想着力挽狂澜，要还大汉一个朗朗乾坤。

但袁绍也仍旧是一个故人。

乱世里袁绍这种人多的是，后世叫作精致的利己主义者。他们会在曹操帐下的时候就给袁绍写信表忠心，没人会看好曹操。

但袁绍至少是这些人里的佼佼者，是他们中少有的有勇气的人。

那天官渡的大火燃起时，曹操突然想起袁绍年轻时的一句话，袁绍把酒杯举得很高，说大丈夫若不能翻云覆雨，纵横天下，活着又有什么意思？

他还记得自己在洛阳的暗夜里高声叫好，原来袁绍的纵横天下，是这个意思。

曹操长叹一声，趁着这份心绪还在，他要做一件事去祭奠过去的岁月。

这件事就是白狼山之战。

白狼山，远在乌桓，虽然袁绍的子嗣投奔了过去，但这只是一个出兵的借口，多数人仍不赞同曹操亲征。

曹操低着头，突然笑起来，他伸出手平复所有人的争论，他说：“诸君，乌桓我是一定要去的。”

“我可是汉征西将军啊。”

当然，这句话他始终没有说出口。

那些年里，曹操攻无不克，战无不胜，白狼山之战虽然惊险万分，但还是赢了。虽然郭嘉死在了风沙之中，但那已经是他最好的归宿。

曹操又对风洒长泪，郭嘉逝后，这个世上似乎已经再也没有他能相信的人了。

而他的故人，全都是他的仇敌。

有时曹操也会想起刘备，他想刘备为何这么固执呢，大汉帝国的光辉不是因为道德教化，而是因为犯我强汉者虽远必诛的大一统力量。

那些跳梁小丑，诸如袁术，甚至孙权，都丢掉了大一统的信仰，去龟缩一隅。

曹操想，好歹我始终也没有抛弃这份信仰，为什么你们都要背叛我呢？

这些话刘备永远没有办法回答他了，曹操本想在赤壁一战之后，好好把刘备抓过来问问，就像在徐州时一样，再次青梅煮酒，论论英雄。

结果他在赤壁战败了。

之后他亲耳听到刘备像用了修改器一样崛起，十年之内与他鼎足三分，后来他才弄明白，对方的修改器叫作诸葛亮。

这期间他也没闲着，他不像孙权，守土就已经心满意足，他还开拓西凉，还准备着蚕食南方的土地。

甚至亲征孙权，试图再次完成一统。

可惜他没有机会了。

南方的防线十分稳固，他每次动兵，得到的不过是朝中越来越高的官职，越来越高的地位，甚至都要称魏公，乃至魏王。

某个月黑风高的晚上，荀彧来找过他说："明公现在也认为大汉已经亡了，对吗？"

曹操沉默半晌，最终说："天命已断，但孤绝不会是亲手为大汉送葬的人，文若可否陪我走完最后一程？"

荀彧长叹一声说："明公，恕臣不能自欺。"

曹操伸出手，想抓住点什么，或许又想叫住谁，但荀彧冲他拜别，转身，那样的果断，他便明白自己再也叫不回这个朋友了。

他闭上眼，眼前仿佛流过滚滚长江。

这是一个英雄逝去的年代，所有坚持着过去的人都会用生命为自己做注解，荀彧的死讯传来时，曹操的哭声也未见得是假的。

很难说是曹操杀了荀彧，还是曹操成全了荀彧。

那年曹操称魏公，后称魏王，在赤壁之战的十年后，与刘备决战于汉中。

或许他们有过谈话，或许没有，这些年的风雨流星般闪过彼此的眼眸之间，他们都知道彼此再也不可能回头。

其实刘备所想的很简单，他没有背弃旧时代的任何一种信仰，他要大一统的帝国，也要道德文章的束缚。否则一个能屠城，能用世家门阀垄断上升渠道的一统国家，最终会沦为贵族歌舞糜烂，百姓得过且过的悲惨时代。

而这一切在英雄们的悲歌落幕以后，终究成为现实。

那年的汉中之战草草收场，没有人能在一场战役决定两方的胜负，即使关羽在荆州水淹七军威震华夏，也不能决定。

曹操联络了东吴，吕蒙白衣渡江，袭杀关羽。

当关羽的首级传至曹操面前的时候，他深吸口气，又闭上眼，这个他心目中理想的化身，是被他亲手扼杀的。

即使当初没有杀，如今也已间接死在他的手中。

魏王曹操与汉征西将军这个年少幻梦斗争了一辈子，终于不再需要斗争了，他随着幻梦的结束，走到了时间尽头。

弥留之际，他想过，像之前自己写过的那篇文章一样，说设使天下无有孤，不知几人称帝，几人称王，说望封侯作征西将军，然后题墓道言“汉故征西将军曹侯之墓”，此其志也。

但他什么都没说。

他想过许多事，自己对不起的人有谁呢，自己执着的事有什么呢？

那太多了，袁绍对自己总算不错，自己杀了他全家。汉献帝战战兢兢，我杀进他的皇宫几次来着，一次还是两次？我也对不起他，还有荀彧，还有关羽……

曹操叹了口气，算了，这些都不说了。

突然又想起典韦，想起典韦便又想起自己的长子，他死之后，夫人也不再理会自己，这么多年过去，我连夫人在哪儿都不知道……

所以曹操开口，思绪飘飞万千，到最后只说："我前后行事，于心未曾有所负也。只是假若死后有灵，我的大儿子问我'娘在何处'，我该如何作答呢？"

沉默半晌，曹操又想起了刘备，他写下遗书，说："我的姬妾都没什么本事，我死之后，把香都分给姬妾，她们还穷，就都去织席贩履吧。"

垂死的曹孟德笑了笑，仿佛看到怒发冲冠的刘备正在兴师报仇，隐约间还看到了未来白帝城的火焰。

曹操闭上眼想，刘备啊，我们死后这个世界会如何呢？

九泉之下，还能看到世上有英雄出现吗？

我这个所谓的魏国，其实是弥留的大汉，而如今这些岁月都要过去了，属于我们的时代也彻底不在了。

参考文献：

《三国志》陈寿、裴松之，中华书局2006年版。

《魏书》魏收著，何德章修订，中华书局2017年版。

《华阳国志》常璩著，齐鲁书社2010年版。

从前有个少年，长得贼帅，文武双全。

那些年世道不太平，少年常常在练枪的清晨望着天，心想我能做些什么呢？

师父问："想要荣华否？"

少年摇摇头。

师父又问："想建功立业，翻云覆雨否？"

少年也不想，他沉思了很久，终于问清楚了自己的心。

凭一杆长枪，照一身肝胆，不求功成名就富贵乡，但愿激浊扬清换太平。

这年他还很年轻，他还很相信自己，无论将来要辅佐的人多落魄，有他就能有一片天。

意气风发，少年人负枪下山。

那些年少年行侠仗义，在乡里闯出了声音，有不少同样热血的儿郎，要与他一起闯荡天下。

天下偌大，各路诸侯此起彼伏，初出茅庐的年轻人举目四望，不知何去何从。有人说我们去投奔袁绍吧，袁绍家四世三公，雄踞中原，定能成就一番伟业。

北方的风吹过来，这时的少年已不那样年轻，固然他的热血不曾稍减，江湖之中几年的风波却让他的目光更加敏锐。

少年摇了摇头说："袁绍好名寡义，不可相托。"

朋友问："那还能投奔何人呢？"

少年说："幽州公孙瓒，抗击外虏，气节耿耿，或可一试。"

于是那年幽州公孙瓒的白马起兵麾下，多出了一个英勇的少年。

只是少年在公孙瓒手下度过的时间越长，就越发现自己的无能为力。少年有时会在暗夜中饮酒，他可以在军中出头，也可以率领三军冲阵。

然而一次次的杀敌，赢家也不过是赢得了治下生民的痛哭作为喝彩。

没人关心来时路的百姓，也没人关心乱世结束后是怎样的未来。

这时少年听到了脚步声，一个厚重的声音传过来："长夜漫漫，无心睡眠，赵将军何所思？"

少年抬起头，来人他也认识，这人是公孙瓒早年的同窗，曾在洛阳当过游侠，与曹操、袁绍结交，共讨董卓。

这人脾气也不太好，怒鞭督邮，又遇流寇，走投无路，才往幽州暂避。

少年常见他与人交流时笑意满面，无人角落中忧心忡忡，干是问他："刘将军平日又为何愁眉不展？"

这人当然就是刘备，刘备笑了笑说："没什么愁眉不展的，只是在想长夜何时破晓。"

少年心中一动，他在这个人身上看到了公孙瓒、袁绍都不曾具备的东西。

那些日子里，少年常与刘备卧谈，两人睡在同一张床上，少年越谈目光越亮，从前犯我者虽远必诛，骨子里气节仁义的大汉，似乎又复苏在笑谈中。

刘备说："我将尽我一生，重现心中大汉。"

这时的刘备已经三十岁了，他流离奔走这么多年，从没有放弃过。

少年想，这才是我想要追随的人。

不久后，少年的兄长去世，他回乡奔丧，此后他的身影就消失在历史长河中。

当少年再次出现的时候，已经与刘备相逢在邺城了。

没人知道他这段时间都做了什么，也没人知道他为什么会在袁绍的地盘，而且还能在袁绍的眼皮底下，替刘备招收了一波骑兵。

史载：绍不能知。

朋友们问少年，说："你所做的这些事情，都在江湖之中，无人问津，也不会有人记载，追随刘备亦无前途，值得吗？"

少年笑了笑，他想起自己下山前的愿景，正如今日。

不图名利，只为虚无缥缈的明天。

还谈什么值不值得呢？

此后黄沙百战，也有人劝少年去向他处，曹操也好，江东也罢，都有他容身之所。

朋友说："你也不年轻了，何苦呢？"

少年摇头说："我们这群人跟着刘备，就从没觉得自己变老过。"

所以有夜读春秋的关云长，有奋不顾身的张翼德，这些不离不弃的人，都像是旧世界的顽固，怀揣不切实际的梦幻。

但杯子碰到一起，高歌饮酒，就能尽欢。

那年刘备兵败，曹操携北定中原，鲸吞荆州之势，要一统天下，剿灭宿敌。

少年提枪在阵后，护卫刘备的家小，入眼皆是断壁残垣，肃杀的风里卷起血腥气。这是长坂坡，这时的少年，实际年龄少说也四十了。

而当他系好白袍，凭一杆长枪，照一身肝胆，就还是那个壮哉少年郎。

千军纵横，挡者披靡。

曹操在高处惊呼："此人是谁？"

答曰："常山赵子龙是也！"

银鞍白马，纵身出阵，还留下三声长笑，宛如少年将军般绝尘而去。

还有宵小诋毁，在少年尚未归来时对刘备说:“少年已投曹操去了。”

刘备眉头皱了皱,他盯着那个宵小说:“子龙与我莫逆之交,竖子安敢欺我?”

那人还没反应过来,眼前便掠过一道乌光,他耳边听到风声呼啸,片刻后才明白那是他的血在飘。

乌光是刘备的手戟,刘备挥戟斩去。

那人或许到死都不明白,他只是说了一种可能性。

刘备不是优柔寡断吗,百姓怕了曹操,求他拖家带口一并过江,他都能应允,为何要斩我?

汉昭烈帝,从来不是个好脾气的人,或许他的仁慈只对他的同道和无辜的百姓。

刘备斩了这宵小,驻足北望,他说:“子龙不弃我走也。”

没有什么理由,他相信那些年少时的目光不是假的,莫逆之交的情义也绝不是假的,正如很多年以后,他在白帝城举国托付给诸葛亮。

其实总有那么一些情感，是常人无法理解，却也不该冒犯的。

那天的长坂坡，荒烟蔓草，折戟在残阳下反射星星点点的光,马蹄声踢踏而来,刘备逆光望见了赶来的少年。

他们相视一笑,继而是少年翻身下马,说不负所托。

后来他们又蹉跎了几年,那些年里少年也南征北战,终于立足西南，三分天下。

或许是年纪大了，或许是终于见到了近在眼前的荣华富贵，兄弟们开始提议买田分宅，要做新的权贵。

少年悠悠叹息，像永远年轻的霍去病一样说："匈奴未灭，何以家为，如今天下之敌又何止匈奴，还不到求田问舍的时候。"

刘备击节赞叹，他想起自己在荆州时，大骂求田问舍的书生，今日还能在老友口中听到类似的话，虽已年迈，仍旧觉得未来可期。

刘备说："你觉得我们现在跟曹操抢汉中，能抢过吗？"

少年笑了说："这不是我该考虑的问题，敌人在哪儿你指给我，我去打就是了。"

刘备哈哈大笑说："好，会有你上阵的机会！"

当汉中之战开始的时候，距离少年与刘备的初见，已经过去了近三十年。三十年的风霜，没能把少年催老，他跃马提枪，精神抖擞。

定军山一役，黄忠阵斩夏侯渊。

老将黄忠打出了气势，打出了自信，曹操大军杀到，还敢去抢曹操的军粮。

奈何出营多时，尚未归来。

少年深吸口气，喝令数十人随他探路，诸路人马做好交战准备。

像是很多年前一样，少年带着身边数十人，冲向了千军万马，即便千军万马，也挡不住少年的银枪白马。

这一路上，他遭遇过曹军先锋，突围之后又被大军包围。

少年纵声长笑，长枪电闪，像北风卷过梨花，片片凋零如落叶。长坂坡上是否有过七进七出史书未曾记载，汉中之战，少年倒是几次突围，又回身去救援部将。

闲庭信步，旁若无人。

五十余岁的老将杀回营中，背后喊声动天，曹军追杀的脚步不曾稍停，大营中的将士神色匆忙，满脑子想的都是闭门防守。

少年伸手拦下，望着不远处曹军扬起的尘土说："来不及了，打开营门，偃旗息鼓，我去看看曹军的胆子！"

是日黄昏，曹军杀到营前时，只见到一个白马银枪的将军立在门外。

这将军神色睥睨，仿佛在说谁敢与我一战？而营门内悄无声息，影影绰绰似乎藏着无数杀机。

曹军与少年僵持片刻，还是不敢冒进，开始缓缓后撤。

多年纵横沙场，磨砺出少年锐利的目光。当曹军开始发号施令，却还没能完全按令撤退时，少年一声断喝。

"战机已至，出手！"

营内弩箭齐发，接着是战鼓雷鸣，曹军大败，自相践踏，坠入汉水而亡者不计其数。

也就是这一战，少年被刘备拍着背激赏说："子龙一身都是胆！"

蹉跎三十年，终于拨云见日，汉中之战互相僵持，蜀汉却占先机，荆州更有关云长水淹七军，威震华夏。

一切仿佛都要好起来，年少时同床而谈的梦，似乎也即将实现。

奈何天下之大，敌人又何止一个曹操？

吴人背盟，糜芳弃义，威震华夏的关云长败走麦城，盛怒的张飞死于小卒之手。

没人能劝得了刘备，他挣开诸葛亮的臂膀，誓要伐吴。

只有少年还敢去劝说：“此时伐吴，四十年奔波俱成黄土！当初的愿景，陛下莫要辜负。”

刘备深吸口气，说：“子龙，我累了，你就当我骗了你三十年，剩下的路你和孔明一起走吧。天下和未来我交给你们了，我只想念我的桃园。”

那年刘备夷陵兵败，当少年赶到永安的时候，只见到气息奄奄的昭烈帝了。

或许叙过一两句旧情，也托付过几分蜀汉未来大业，少年只觉得很虚无，仿佛这些话都是假的，那个脾气不太好的中年游侠随时会活过来。

耳畔传来诸葛丞相的恸哭，像是要把灵魂呕出来。

少年这才发觉，原来自己的眼泪也已经无声淌了好久。

此后的几年里，他看到诸葛亮透支生命般的努力，如何能北伐中原而不损民生，如何严格执行律法而尚显宽仁，如何用兵阵前又运筹帷幄……

当一个天才拿命来换这些时，是能换得来的。

那些年里，曾经并肩作战的老友只剩诸葛亮，而少年每每见到诸葛亮，总有种想长歌当哭的冲动。他仿佛看到诸葛亮在刘备灵前的痛哭声化作了鞭子，他自己在抽打自己。

而诸葛亮还在对他笑，笑容令人如沐春风，只有极熟悉他年轻岁月的人才能看出他的神采已疲惫非常。

少年说："吾虽年迈，尚可马革裹尸。丞相若有军令，在下绝无二言。"

诸葛亮说："那就来北伐吧，赵老将军。"

昨日少年今日老，这位将军正是赵云，垂垂老矣的他领军北伐，正赶上马谡失街亭。

三军败退，赵云不清楚这样的失败会不会让蜀汉再也无力北伐，他想：我要保住它。

于是六十岁的老将再次横枪立马，头也不回，他说："你们先走，我来断后。"

在这里，我还能吹到北方的风呢。

四十年前，幽州的风还能吹到西南吗？

风吹草低，追兵自至，赵云深吸口气，大声道："常山赵子龙在此，谁来与我一战！"

银光一闪，长枪照一身肝胆。

即便六十岁，只要手上有枪，他还是那个所向无敌的赵子龙。

这次断后他仍然成功了，还安全回到了西南，诸葛亮提议给他嘉奖，他摆了摆手说："败了就是败了，败军之将，还要什么奖赏。"

诸葛亮说："好，等下次北伐，将军立功，封赏一定会到。"

赵云也笑说："好，我等着。"

然而从来千军万马纵横无敌，也敌不过岁月无情。

还未及参与下次北伐，戎马一生的赵云便溘然长逝了。

这一生，我尽力而为了，只可惜还是有诸多遗憾。

多希望诸葛丞相能北伐成功，兴复汉室，把我们共同的梦放回旧都。

回光返照时，赵云这样想着。

恍惚间，他又听到了幽州的风，看到了邺城的雨，风雨之中是三十多岁的刘备在侃侃而谈，说洛阳声色犬马，以后有机会，我们再把它建出来。

赵云笑了笑说："主公，我去你的洛阳找你了。"

完。

参考文献：

《三国志》陈寿、裴松之，中华书局2006年版。

五

从前有个书生，美姿颜，好音乐，出身名门。

假如不出意外的话，或许书生会成为优游贵公子，名扬两京。

奈何天下不太平。

那年书生还小，十来岁的少年，北面有恶臣废立天子把持朝政，本就摇摇欲坠的大汉帝国，被恶臣出手一推，顷刻间沉入深渊。

天下共讨之，只是书生还小，家里也不愿他随军出征。

那会儿有位北伐的将军搬家来了他所在的城市，夜深人静的时候，将军家的儿子就翻到墙头，想听听隔壁的悠悠琴声，是不是美人所奏。

到时候青梅竹马，两小无猜，他沙场立功，回来迎娶这个姑娘，岂不是美滋滋。

然后少将军就看见了书生。

少将军无语。

这是个男人，而且是个很帅很有风度的男人。

这时书生也察觉到气氛不对，他抬头，正瞧见翻墙翻了一半的少将军。

书生也无语了。

少将军挠挠头，咧嘴一笑："你好啊。"

书生也笑说："你好。"

后来他们就熟起来，少将军意气风发，还是少年张扬的性子，常说以我二人才貌，天下间女子莫不倾心相许。

书生笑着说："我是有才的，没见识你有什么才。"

少将军就瞪起眼睛来，他们从沙场用兵，谈到天下大势，又谈到江东的各路人马。

少将军喟然长叹说："想当年西楚霸王携江东子弟纵横不败，令人神往，如今江东却只能坐视北方诸雄争锋，天下已乱，就这样随波浮沉，我心不甘。"

江南的风徐徐吹来，书生只觉得自己的心也被这年少的将军点燃了，微风水波，与他此时的心境格格不入。

书生霍然站起，他说："伯符，我们结拜吧。"

少将军愣了一下，哈哈大笑着说好。

于是这两个与江东世家气质格格不入的少年，开始走到一起。

那年少将军的父亲身死，少将军流落袁术麾下，他的年纪仍然不大，心里的火焰还熊熊燃烧。

少将军对袁术说："我只带我爹的部下，去替你分忧解难，你看如何？”

遂得脱身。

只是如今的江东的确处处危机，凭少将军一人能否立足，还有待考量。

少将军的叔伯们劝他，问他真的考虑好了吗？

这时少将军刚刚写完一封信，他抬头笑起来说：“当然考虑好了，我又不是真的孤军作战。”

“我还有我的兄弟。”

书生带兵携粮，朗声笑着，来迎少将军回江东。

双璧纵横，无论是兵精粮足，还是根深蒂固，都挡不住他们的智计百出和勇冠三军。

那年少将军平定江东，亲自给书生安排鼓吹馆舍，逢人就说这是我总角之好，骨肉兄弟，没有他就没有我，再多的荣耀，他也配得上。

这就让很多老一辈的将军不服。

老将还经常找碴儿，书生一笑置之，也不回击，也不动怒，还是安排军务，还是步步为营。

以至于后来老将也会有军务要过问书生，书生不卑不亢，像对待所有人一样对他。

老将惭愧，出门就对人说：“与周公瑾交，不自觉如醉醇酒矣。”

那段时日里，少将军与书生最是风光，他们打下城池还娶了东南二乔。少将军挤眉弄眼对书生笑说:“二乔虽流离,能嫁给我二人,也是他们的福气。”

书生哈哈大笑,又想起小时会暗夜翻墙的少将军说:“你还真是一点没变。”

奈何少将军的激昂没变,自负和莽撞也同样没变。

少将军当然就是孙策,江东基业正蓬勃发展,他在游猎中被刺客重伤。

醒来时对镜自照,已然毁容。

孙策怒而摔镜,心绪久久不平。那些说好要平定天下的狂言,还有机会实现吗?

伤病难愈,江东的新霸王就此离世了。

当书生赶来奔丧的时候,四下汹汹,孙权年幼还无法震慑群臣,书生像青山般站在他的身前。

书生想,既然你死了,你的梦我会替你做完。

江东多是见风使舵的门阀,也多的是苟且的世家,曹军南来的时候,一片议和之声。

曹操写信说:“不如你们派人质来许都,朝廷会给你们封赏,免于战事,岂不两全其美?”

张昭声名在外,竟不能决。

还是孙权的母亲来找书生,让他开解内心不服却又不知该如何开口的孙权。

书生望着他说:“仲谋想如何?”

孙权说:“现在不是我想做什么,是那些人推着我,要我派人质出去。”

书生深吸口气说:“你哥哥纵横江东,筚路蓝缕,已定六郡,他拼了性命去做这些,就是为了最后给曹操送人质,从此看他的脸色?”

书生侃侃而谈:“即使北方一统,南下渡江也未必能胜我江东水军,更何况北方还有马超、韩遂,曹操敢来我都佩服他有胆量。”

“这还没完,曹军久战疲惫,又新纳荆州降卒,以疲惫之师,领狐疑之众,岂能同心协力?”

书生笑了笑说:“天冷了,马无草,人缺药,一旦有了疾病,曹军就要完了。”

“曹操不是来一统天下的,曹操是来送死的。”

书生目光灼灼,眼里都是与枭雄争锋的火。

这时的孙权也是射虎的少年,闻言拍案而起说:“孤明日就以剑斩案,敢言降曹者,杀!”

后来的事情,我们就都知道了,曹军的情况一如书生所料,那个乱世之中好像有格外多的预言家。再往下,是蒋干来当说客,黄盖自请诈降,赤壁一场大火,断送了曹操毕生的梦想。

追亡逐北,书生还要拿回南郡。

他的脑海中满是跳脱的孙伯符说:“我岂能坐守江东,眼睁睁看北地豪杰争雄?”

那一战书生中了箭，曹军欢欣鼓舞，以为有了反败为胜的机会，疯狂击鼓进军。

书生深吸口气，他还要起身，还要上马。

部将拉着他，说都督不可，都督要小心伤势啊。

书生挥挥手说："这一战不能输，江东的气魄要一战一战打出来，随我走！"

受伤的书生再次出现在大营前，激励将士，一如许多年前的孙伯符。

书生还亲率精锐，杀入敌军，身后兵马擂鼓大进，曹军再次败退。

只是这次受的伤，也埋下了隐患。

当然也有其他的说法，我们未曾看到，只见书生夙兴夜寐，提出伐蜀的战略，这时刘备还未出手，他就要入川蜀，夺汉中，志在天下。

江东杏花烟雨，没人敢说书生的战略不对，却也没人与他同行。

那个愿与他一起征战的人，已经死去很久了。

这年，书生在独自准备西行进军的时候，终于伤病不支，倒在了他奋斗一生的江东。

书生当然是周瑜。

曲有误，周郎顾，羽扇纶巾谈笑间，樯橹灰飞烟灭。这些的背后，还有一个孤独而又疲惫的周公瑾，在举目再无同道的江东，鞠躬尽瘁。

终年，三十五岁。

参考文献：

《三国志》陈寿、裴松之，中华书局2006年版。

从前有个小哥，少年丧父，跟着爷爷住在庐江。

那会儿天下大乱，诸侯攻伐不歇，有个叫孙策的将军，领兵击破庐江。爷爷支撑不住，病重去世，只来得及在临死之前，送小哥去往老家。

小哥出身世家，如今爷爷一死，家中群龙无首，不少人蠢蠢欲动。

爷爷其实还有个小儿子，当时不足十岁，拉着小哥的衣服，看面前家中长辈人来人往，个个都神色不善，就很慌。

小儿子说："侄子哥哥，我怕。"

小哥无语。

小哥摸了摸小儿子的脑袋，笑着说："叔叔，不怕。"

那天小哥站了出来，声色俱厉，说有违反宗族家法的，严惩不贷；说长辈视家法为无物，有分裂宗族之嫌。

这顶帽子扣下来，宗族长辈都尿了。

那年小哥十四岁，掌管一整个江东世家。

建安八年，孙权二十二岁，小哥二十一岁。

小哥去了孙权幕府做事，两人年纪相仿，又都少年深沉，颇有些一见如故的意思。

有时两人聊高兴了，指点江山，竟有种天下将是你我共创的错觉。

反应过来，小哥就戛然而止，眨巴眼瞅瞅孙权，才想起这是自己仇人的弟弟。

只是小哥却越发搞不懂孙权在想什么，对自己是言听计从，但凡回都城，就来找小哥喝酒。

孙权笑说："行了，你敢说你从没想过，与孤共镇江东，以窥天下吗？"

小哥望着孙权，年轻的孙权目光灼灼，冲他挑了挑眉。

那一瞬间，平定乱世，江山一统，与还天下太平的雄心壮志燃烧起来。

那是读书人永远都无法忘怀的家国大业，与此相比，仇恨永远是过去，未来才更该争取。

小哥忍不住一笑说："好，从今以后，与主上共镇江东！"

那些年孙权对小哥荣宠有加，把孙策的女儿嫁给了小哥，还给自建官职，让小哥掌管禁军。

那段时间，孙权见了小哥，一口一个"君"地喊着，说君辛苦了，君慢点走。

整个东吴，孙权只对小哥这么喊，喊得小哥很头疼，总觉着孙权对自己太好，自己没法报答。

直到那天，吕蒙病逝，刘备提大军要为关羽报仇。

边关失守，朝野震动，像极了那年曹操领兵南下，只可惜东吴此时却没了周郎。

小哥在朝上望着孙权，孙权面沉如水，小哥却仿佛看到了自己十四岁那年，拉着自己衣角的叔叔。

小哥轻咳，昂首出列，说愿为吴侯退敌。

满朝哗然，孙权猛地抬头。

小哥的眼里都是锋芒，东吴二十年磨出的一把利剑，终于出鞘。

夷陵，小哥送了刘备一把大火。

那场滔天的火，重燃起江东子弟北上中原的雄心，燃起小哥与孙权对视，曾经憧憬过的天下之志。

那几年间，小哥领兵先退刘备，后灭曹休。

石亭之战前，孙权还颠颠从后面跑过来，亲自拿着马鞭，送小哥出城。

战后，一群人开庆功宴，孙权喝得特别高兴，还跟小哥一起跳舞。

得胜还朝的时候，孙权让自己的冠盖罩着小哥，像许多年前一样揽着肩膀，入宫上朝，凡有什么稀罕物，一并赐给小哥玩儿。

还解下自己的白袍给小哥穿，脱下自己的金腰带给小哥穿，翡翠帽也摘下来给小哥戴……恨不得把身上扒光了，都给小哥。

孙权呵呵傻笑，颇有种“朕的江山有你一半”的意思。

那段时间，孙权先后封小哥为大将军、丞相、留守武昌都督三军，不留任何人牵制掣肘。

一时传为美谈。

小哥更是争气，为政则仁义皆施，攻敌则战无不克，君臣相视一笑，便又是大宴三天。

觥筹交错，歌舞升平，这是君臣二人最后的美好时光。

几年后，孙权身居帝位，心态渐渐开始发生变化，好大喜功，对群臣惊疑不定。

废长立幼，对大臣见谁骂谁。

小哥叹了口气，局面如此，他不能不说话。

孙权恼了，像是十分痛心于小哥的背叛，回信数封，跟小哥大吵起来。

官没罢，罪也没罚，但吵架吵得格外凶。

孙权说：“朕已经很照顾你，很给你面子了，你能不能消停点？”

小哥遂沉默下来，渐渐被孙权疏离。

只是看着昔日同僚一一被陷害，吴国未来的主人又骨肉相残，那份憧憬过的功业，向往过的天下，在小哥心中还是渐渐破灭了。

大江东去，流散的都是过往的身影，那个意气风发的雄主，持鞭送行的朋友，就此破灭在风中。

时年六十二岁，小哥病逝在家中。

小哥自然便是陆逊，四次出师北伐，力挫魏军，无一败绩。

从夷陵那场大火开始，他就与整个江东的苟且、世家门阀的奢靡格格不入，利剑横空，像是许多年前江东的猛虎，羽扇纶巾的周郎。

那个时代终究还是故去了，孙权听到陆逊死讯的时候，还恍惚了一下。

两年后，孙权重修皇宫，力排众议，要将武昌皇宫拆掉，过来补建皇宫，那是故人曾经住过的地方。

可惜瓦片琉璃，都带不来故人的余温了。

重病的孙权突然悲从中来，他抑制住自己，像是没事人一样去迎接陆逊的儿子回朝。

闲聊家常，君臣沉默间，孙权淡淡对陆逊的儿子说了一句："是朕对不住你爹。"

陆逊的儿子一怔。

孙权抬着头，目光望着虚空说："是我，对不起你爹啊……"

门外烈日如火，灼燎天地。

几个月后，孙权病逝于太初宫内。

烟波浩渺，英灵常在。

参考文献：

《三国志》陈寿、裴松之，中华书局2006年版。

第二部分　旧时代的残照与风骨

从前有个书生，特别跳脱，倘若他不是一个豪门贵公子，“礼法岂为我辈设哉”这句话，怕是就要被他喊出来。

书生特别有才，长得又好看，夏天洗完澡赤着胸膛扑点粉，俨然浊世美少年。

那时有位学者过来找他，看见的就是这样一幕。

这位学者当时在他哥哥手下干活儿，书生出身豪门，豪门嘛，总是有些争斗。

理论上来说，这位哥哥手下的学者不想背上不忠的名声，走个过场也就算了，结果就对书生一见钟情。

事情是这样的，学者刚到门口的时候，书生还在洗澡，听说学者来了，也不急着整理着装，随手披件衣服，打上点粉，哈哈大笑着就走了出来。

还裸着胸膛。

学者无语。

书生还在笑，他说先生你不要紧张嘛，我来给你跳段舞，轻松轻松。

学者一头雾水。

然后书生就开始跳舞，还是跳的胡舞，力量感十足，又拿出一堆丸铃短剑，开始表演高难度杂技。

当这段舞跳完的时候，学者松了口气，以为终于可以进入正式会谈的节奏了。

没有，并没有。

书生开始四十五度角仰望天空，目光悠远，神采激昂。

书生来了段数千字的台词独白，慷慨激昂，沉郁悲痛，把民间的小故事讲得比说书人还骚。

学者一脸茫然：我是谁，我在哪儿，我要干什么？

完事，书生还笑着对学者说："先生你看我怎么样啊？"

学者能说什么，当然只能勉强笑嘻嘻地说："公子你很不错，很不错。"

书生哈哈大笑，拱手施礼，说先生稍待，等我更衣沐浴，再与先生长谈。

学者心想，长谈？长谈什么，杂技的训练方法，还是民间俗赋的美学意义？

都不是，当书生再次站在学者面前的时候，已经衣冠楚楚，贵不可言，淡淡一笑，都能透露出家族继承人的气质来。

书生从古到今论名臣优劣，又说古今文章官制，甚至连沙场用兵，都与学者聊得投机。

学者越发兴奋，他从没想到世上还有这样的人，书生哪来的精力呢？文学官制，历史兵法，还有杂技与小说，竟然都能摸得通透。

当学者回过神来的时候，天色已经黑了，他告罪要离开，被书生笑着拦下了。

书生说："我已经让后厨做好饭了，我料定你舍不得走，必会跟我畅谈至日暮。来，先生坐，我们喝酒吃肉，继续谈古论今。"

所以这位学者回去后，逢人就说："太强了，这位公子实在太强了。"

书生的哥哥一脸茫然说："你就过去走了一趟，这就变节了？"

没办法，书生的人格魅力就是这么高。

那些年里，书生自以为是天才，他也的确是天才，所以他常常眺望江山，觉得天下事指日可定，而礼法不为他这种天才所设。

于是他还是输给了他的哥哥。

天才会让人提高对他的容忍程度，所以即使书生夜半醉酒，踏马入宫门，走了只有帝王才能走的驰道，也仍然还有周旋的余地。

大军败北之际，他爹还想过让他去前线坐镇。

然而那天书生又与朋友们喝得大醉，没办法接收这道军令了。

甚至酒醉的书生还没弄明白，自己这边的军队为什么会输了呢，倘若他能预料到这场战争会这么快输掉，甚至危及中原，他无论如何不会醉酒的。

书生问："是谁打败的我们？"

传令人说，是关羽，如今他水淹七军，威震华夏，公子曾见过他的。

书生愣了半晌，心想：哦，是关云长啊，他有这么厉害吗？

这个天下英雄辈出，原来天才并不意味着能弹指定江山。

可惜当书生意识到这件事的时候，已经来不及挽回了。

他的哥哥成了世子，他的妻子被他父亲赐死，他身边的朋友死的死，贬的贬，仿佛万千繁华都是梦幻。

他又想起了自己小时候，想起了自己的父亲。

那一年貂蝉拜月，吕布掷戟，不可一世的董卓死在长安城中，有个小小的孩子降生了。

这个孩子睁大了茫然的眼睛，看向这个混乱的时代。

这个孩子自然就是书生，他也东奔西走，流离在乱世的烽火之中。

偶尔见到残破的江山和落难的百姓，才十岁的书生也会忍不住唏嘘喟叹，甚至念上几句诗。

他爹就是这样注意到他的，说："你小小年纪，就能作诗，莫不是你老师代笔？"

书生笑起来，天才的自负从小就显露无遗，他说："言出为论，下笔为章，爹可当面试我，我又如何找人代笔？"

他爹拍案大笑说:“原来我们家又出了个天才!”

随后的很多年里,他爹征战四方的时候都会带着书生。书生跟父亲一起东望沧海的时候,父亲指着偌大的江山,说以后你爹我老了,死了,这些地方你都要守好它。

书生重重点头。

父亲还带他北出玄塞,要去痛击胡虏。

这会儿书生也已经十六岁了,耳濡目染,他也已经懂了许多经世济民的学问,他问自己的父亲说:“现在我们的敌人这么多,去北方打胡人,九死一生,真的值得吗?”

父亲摸着他的脑袋说:“你要记住,这片土地上曾经存在过一个叫大汉的灵魂,所有的人心都聚拢在它的周围,它的声名扬威万里,即便以后大汉再也活不下来,我们也要把它的气魄继承下去。而只会阴谋内斗的,永远成不了英雄。”

年少的书生但觉心头火烧,长吟道:“捐躯赴国难,视死忽如归。”

他想,父亲就是那个了不起的英雄,我要成为像父亲这样的人。

那些年里,书生看到了父亲身上的英雄梦想,看到了父亲的不拘小节,也看到了父亲慷慨作歌的纵横气概。

所以书生也曾提剑上马,随着父亲南征北战。

所以书生也曾长歌作赋,挥笔成文,让父亲和所有臣属叹为观止。

书生笑着对所有人说:“吾虽薄德……犹庶几勠力上国,流惠下民,建永世之业,流金石之功,岂徒以翰墨为功绩,辞讼为君子哉?”

只是这一切,终究都化作泡影了。

翩若惊鸿,婉若游龙,飘飘兮若流风之回雪……那美好的洛神,像是书生求而不得的曾经壮志,如今皆付后人谈笑中了。

那年书生的父亲死了,他的哥哥成为新的魏王,有兄弟劝他去争一争王位,书生望天长叹:“我们胜不了的。”

兄弟说:“万一呢?”

书生摇摇头说:“即便胜了又能如何呢,中原大乱,父亲一世英雄,抵定基业,就要这样毁在你我的手中吗?”

兄弟沉吟道:“那若有一日你被他下狱问斩……”

书生说:“就死也罢。”

书生就是曹植,而书生的哥哥自然是曹丕,这位手头有兵,劝曹植争王位的兄弟则是曹彰。

几年以后,曹丕杀了曹彰,无数的官员捕风捉影,要再杀曹植。

煮豆燃豆萁,豆在釜中泣。本是同根生,相煎何太急?

两兄弟遥遥相望,各自泪垂。

时代的大幕已经落下,过去的壮志也好,繁华也罢,都在腥风血雨之中消失了。

还剩下淡淡的兄弟情义,也无法宣之于口了。

番外:采访魏文帝。

“紧张吗?”

“第一次接受采访,总有点儿不习惯。”

“我还以为像你们这种身份的人,都是泰山崩于前而面不改色的。”

“那是我爹,不是我。”

坐在我面前的被采访者提起他的父亲,眼神里飘过一丝怅然,又有些神往。

他说:“我毕竟没有做到我爹期待的样子。”

眼前的这个人是文学家、政治家,他是魏武帝的儿子,又是大名鼎鼎的曹子建的兄长。

他是魏文帝曹丕。

“这么多身份里,你最喜欢哪一个?”

“其实我曾经想当个剑客,我剑术很不错的。”

曹丕露出一个微笑,我也笑着问他:“你觉得如果你没有生在这样的家里,会成为天下第一的剑客?”

曹丕摇头说:“如果我没有生在这样的家里,或许我早就已经死了。”

采访一时间陷入了沉寂,风从曹丕的方向吹过来,我嗅到乱世的烽烟裹携鲜血的味道。

过了几秒,曹丕才又开始说话。

“其实我想当一个好哥哥的。”

我记录着，并说："但人们往往不这样认为。"

曹丕点点头，他沉默的时候面孔就隐在光影里，显得十分阴郁。

"我从小就很喜欢子建，我跟他一样，很小的时候就通读诗论，乃至'四书''五经'。没有其他同龄人可以跟我聊天，我只能跟他聊。"

"我也很喜欢子文，曹彰这个家伙啊，从小就虎头虎脑，他不喜欢读书，但功夫却很好，打起架来不知道什么叫点到为止，次次都莽。"

我问他："但也有人说，后来你想杀了他们。"

曹丕扶着额头，眉毛轻轻蹙起，他说："没有，我从来都没有想杀他们。"

"当初曹彰在外边打了胜仗，我还关照他不要太骄傲，父亲不喜欢这样。我很想让父亲喜欢我们所有人，我也会尽量帮我的弟弟，我想我能成为一个好哥哥，也会是一个好儿子。"

"但你失败了。"

曹丕长长吐出一口气，他的身子向后靠在椅背上，又拿起酒吞进喉中。

他说："是啊，但我失败了。"

曹丕说："父亲是开始喜欢曹彰，也喜欢曹植，但他偏偏不喜欢我，我不懂这是为什么。"

我问他："你父亲从来没有喜欢过你吗？"

曹丕说:“在很久以前,我还不到十岁的时候,我读书练剑,文武双全,父亲总喜欢抱着我,说我是他的好儿子。”

“可惜后来他再也没夸过我。”

我想了想说:“那你恨曹植吗?你会不会想是他分掉了你父亲的爱?”

曹丕几乎是脱口而出的,他说:“子建是个天才,我不能跟天才比,父亲喜欢他是正常的。”

我说:“其实你已经很厉害了,杀了他,你就是那个天才,你有没有这样想过?”

曹丕沉默了很久,双眼盯着虚空,他淡淡说:“还是想过的吧,假如他从来没有活过,那该有多好。”

“那你后来成了世子,你父亲有没有更喜欢你?”

曹丕摇摇头说:“父亲还是很喜欢子建的,只是子建太狂傲,不适合当世子而已。”

“你有没有想过,其实你父亲把世子之位给你,就是很喜欢你,只不过你要当世子,他对你的要求和期待总比对你的弟弟们要高。”

曹丕张开口,轻轻啊了一声,没有回答。

我开始问最后一个问题:“对于曹彰的死,跟曹植的七步诗,你有什么看法?”

“没有什么看法。”

听到这个问题的曹丕突然显得很疲惫,他整个人陷在椅子上，仿佛挣扎了一辈子，从来没能得到过休息。

曹丕说："曹彰的脾气暴，我收了他的兵权之后也怕他出事，或者再做出蠢事，于是叫他来京城。"

"他以为你要杀他。"

曹丕双眼无神说："是啊，所有人都以为我要杀他。"

"所以他惊惧交加，病发暴毙了。那曹植呢？"

曹丕说："很多事情都不是我能控制的，下面的人以为我要杀子建，他们拼命搜罗子建的罪证，喜滋滋地交给我。"

"你处罚了曹植很多次，他都没有死，是因为你根本不想杀他？那你为什么不下令惩罚那些监视、诬陷曹植的人呢？"

曹丕看智障一样看着我，他说："我怎么能处罚他们，他们是忠于我的人，更何况，从前拥护曹植的人那么多，我让子建逍遥自在，那些人会不会去找子建，让他做出更蠢的事来？"

"可是曹植不会做乱国之事。"

"我不能冒这个险，我在这个位子上，就已经身不由己了。"

曹丕叹了口气说："那次曹植来京城，我本来很高兴的，在宫里恨不得手舞足蹈，我想现在一切都已经尘埃落定，我们是不是能回到最初。"

"但我看到子建时，他自己带着刑具、光着脚，诚惶诚恐又有些愤怒。我只能板着脸，或许子建也以为我要杀他，他写诗来骂我，说'本是同根生，相煎何太急'。我要真想杀他，他活得到现在吗？"

“那段时间你也很痛苦吧？”

“是啊，我也是个名士文人啊，我的朋友生前喜欢听驴鸣，我在他的葬礼上学驴叫给他送行。我也曾是个剑客，用甘蔗战胜过将军。我本该跟子建一样放荡不羁，但我坐上天子之位，我就只能是天子，连好哥哥都做不成，何况其他呢？”

“当初争世子之位，后悔吗？”

“还是不后悔的，人们说建安年间是有一股气质的，我们愿意为了绽放出光彩而燃烧自己，穷尽一生证明我们存在的痕迹，有人高歌大醉，有人经世济民。固然我没做多少事，但倘若再来一次，我有证明自己，改变世界的机会，我还是要去做。”

我点点头，收拾采访稿准备撤。曹丕突然叫住我，说：“假如你以后去采访子建，请你告诉他，我在这边等他，备了葡萄美酒，诗文辞赋。”

我说了声“好”，又想起采访之前准备过的资料里，魏文帝曹丕在生命的最后几年，发起过一次无疾而终的战争。在班师回朝的路上，经过曹植的封地，他去见了弟弟最后一面，给他增户五百。

次年，曹丕病逝，曹植痛哭。

参考文献：

《三国志》陈寿、裴松之，中华书局2006年版。

从前有个书生，长得特别帅，怎么形容呢，就好似日月都在他怀中，他一笑能让整个世道天朗气清。

还有玉树临风啊，“玉树”这个词，就是当时人用来形容书生的。

书生不仅长得帅，还气度非凡，所谓泰山崩于前而色不变，说的就是他。

那年书生正倚着柱子奋笔疾书，一篇惊世文章即将写成，这会儿突然暴雨倾盆，一道闪电自云外劈落，正中铜柱。

所有人莫不色变，惊恐地望向书生。

铜柱已经一片焦黑，书生的衣衫下摆也燃落了几片灰烬，但书生仍旧神色不变，仿佛死生不过弹指小事，手中文章才是万年不朽。

落笔如飞，行文如常。

所谓魏晋风度，不过如此了。

当然书生也不是一开始就这么淡定，那年他年纪还小，入宫赴宴的时候，被安排跟皇后的侄子坐在一起。

皇后侄子乃是一个纨绔子弟，就会在书生耳边聒噪。

皇后侄子说："哟，小子你长得可以啊。"

皇后侄子又说："能勾搭不少小姑娘吧，给我介绍几个呗？"

皇后侄子还说："小子你是傻的吗，你说话啊！"

皇后侄子继续说："小子你还在吗？小子你别跑啊，小子有空我们再约啊。"

书生一脸嫌弃。

然则这毕竟是皇后的侄子，你一脸嫌弃，还不愿意遮掩，注定就要被人打压。

所以年轻的书生固然有才学，还是被扔到没什么正事的羽林监里了。直到新的天子上任，书生才得到了重用。

那会儿的朝廷比较乱，两派争权，书生的位置就十分尴尬，他自己是一派的亲属，而妹妹又嫁给了另外一派。

书生是怎么做的呢？

书生只是简简单单做好自己的事罢了。

什么能让这个国家好，能让百姓与读书人更加快活，书生便多做些什么。

毕竟这个天下已经乱了很多年，如今的朝廷虽然启用了新的制度，但这个名为九品中正制的新体系，发展到最后或许只会成为贵族的狂舞、百姓的葬礼。

书生提出了一点改革，限制中正官的权力等一系列措施。

其中的一派大佬，击节赞赏说："书生有大才。"

这位大佬，就是司马懿，书生的妹妹，就嫁给了司马师。

只不过书生的提议终究没有被施行，司马懿说："现在还不是时候啊，火候未到，也没有那么公正的人才可以担任你说的那种中正官。"

书生长叹说："现在不是时候，等九品中正深入人心，各方势力错综复杂，便更改不了了。"

司马懿笑了笑，回首望着这个天下说："有些事，我们做不了，我们去做就会死，走在你我这样的道路上，人人都身不由己。"

书生当时也颇为唏嘘，他也钦佩司马懿的才干，也明白司马懿的苦衷，所以那时的书生还以为司马懿说的是对的。

甚至听说司马懿老病痴呆时，还怅然良久，心想，这个国家又失了一位良才。

直到很多年以后，司马懿发动高平陵之变，天下在一日之间翻覆，书生听到消息，仍旧神色不变，只有一声喟叹从喉间发出。

司马懿说："曹爽，你投降吧，你降了我不会杀你。"

曹爽信了。

司马懿诛杀曹爽三族，顺手又连杀何晏等八族，京城里书生从前的朋友，已经不剩几个了。

那年，秋风萧瑟，一个时代已经过去了，新时代的诏令传过来，命书生和他的兄弟进京。

旧时代的人瑟瑟发抖，书生的兄弟说:“哥，我已经准备好了,我们逃去蜀汉,司马懿能耐再大也杀不过去的。”

这一切像极了那年云外雷来,铜柱焦黑,所有人惊恐四散,只有书生神色不变。

书生说:“你走吧,我安能弃国投敌,苟存于世？”

书生终于明白了,司马懿是错的,有些事他做不到,不是因为他身不由己,而是因为他太担心危险。

他怕死,也怕自己的家族倾覆。

然而这样背信弃义的家族掌控天下，这个国家又能存活几时呢?

书生说:“就让我这个旧时代的人告诉他们,这世上,还有人是不怕死的。”

那年秋天,书生踏进京城,安心著述,闭门谢客,也不蓄养美姬,也不迎来送往,仿佛一个伫立在横流中的柱石,不声不响,不死不休。

当司马懿死去的时候,有书生的朋友欣喜若狂,闯进他的家里,说:“你听到了吗,司马懿已经死了,你得救了！”

书生只是笑,他说:“司马懿毕竟还有一点旧时代的影子,他顾念旧情,还不会杀我,等司马师、司马昭掌政的时候,我便更没有活路了。”

朋友张了张嘴,瞠目结舌。

那年有人想杀司马师,事败被杀,后来传出消息,这人是想在杀了司马师后立书生做大将军。

于是全程茫然脸的书生就被扯进了大牢。

书生在大牢里见过很多人,见过二十岁的王佐之才钟会。

钟会说:“只要你愿意当我的人,我可以考虑救你出去。”

书生笑了笑说:“我本无罪,名重为罪,你救我一时,如何救我一世?”

钟会还想说什么,书生又挥手拒绝了他,他说:“更何况,纵然你能救我,我也不会跟你做同道的。”

年轻的钟会闭上眼,他长吸口气,离开了这里。

其实有时候书生也会想,假如自己有钟会这样的才能,是不是就能阻止司马家,还能让魏国继续光大下去?

只可惜自己的才华到此为止了。

负责审案的人也来看他,书生很明白自己的案子早已被预订了结局。

他笑着说:“我没什么罪,你如果非要交差,就自己用我的笔迹去写罪文吧。”

审案者是钟会的哥哥,他涕泪纵横,愧不敢见。

当然,书生的认罪书,老钟仍然替他写好了。

书生哈哈一笑,按上了手印。

三月,雨横风狂,书生站上刑场,四方百姓都来看这位名士赴死。

朗朗如日月之入怀,玉树临风,书生淡淡一笑,带着旧时代的风骨、新时代的风度，就此死去了。

书生叫作夏侯玄，后人说：玄以重名高节，表仪一世，蔼然有大臣之风……以身死国，前定久矣，蹈白刃而不惧临，死生之际而不乱，生平所养至此乃见，壮哉乎！天下之至勇也。

参考文献：

《世说新语》刘义庆著，沈海波译，中华书局2007年版。

《三国志》陈寿、裴松之，中华书局2006年版。

有这么一个故事，年纪小的是皇帝，以痴傻名扬千古。

那时候是个乱世，灾民没饭吃，没树皮啃，成堆成堆饿死，这位皇帝就很疑惑，说出了句极其知名的话。

"为什么没饭吃，不能喝肉汤呢？"

不错，"何不食肉糜"这句话就是这位小皇帝传出来的。

男主是皇帝身边的侍中，人长得特别帅，有次同僚在人群里见到他，当场就被他给迷住了，说昂昂然如鹤立鸡群。

不错，鹤立鸡群这个典故就是从男主身上传出来的。

男主不仅帅，还是禁欲系那种帅，在朝廷里当官那会儿，有辅政王大兴土木，要建宫殿，男主就站出来说："这事劳民伤财，不行。"

小皇帝很听男主的话，这就让辅政王不得不给小皇帝一个面子，免去百姓苦役，却再也不重用男主。

男主无所谓啊,男主就始终那副禁欲系的样子,干了自己该干的事,怎么办他也无所谓。

小皇帝就说:“哇,好帅好帅,从来没见过这样的人呢。”

有时男主也会教小皇帝一些治国之道,彼时小皇帝就眨巴着大眼睛看他说:“我听不懂呀。”

男主常常叹气,心想:皇帝如此,我究竟该如何是好呢?

思绪未停,小皇帝就开始拉他袖子,说:“来嘛来嘛,我们去玩吧。”

男主无语。

后来,辅政王还刁难过男主。某次大宴上,让男主像戏子一样给他鼓琴,男主冷着脸说:“天下有难,公等不思匡扶社稷,岂可操丝竹,想伶人之事!”

气氛一度非常尴尬。小皇帝虽然智商不太够,但他知道有许多从前陪他玩的人,莫名其妙就不见了。

小皇帝深吸口气,想了很久男主教给他的文章,终于想出一个词来。

他指着男主说:“忠臣也,忠臣!”

辅政王深深地盯着男主,须臾之后,突然起身给男主敬了杯酒。

辅政王说:“说得好哇,老夫自愧不如。”

小皇帝一脸茫然。

这可能就是传说中的黑到深处自然粉吧。

反正辅政王很快又启用了男主，小皇帝就很生气："哼，你跟坏人玩，我不跟你玩了！"

那段时间，男主一直没怎么见到小皇帝。

不过这段时间也不久，只有十来天，刚刚启用男主，辅政王就死在了一场兵乱之中。

乱兵逼近皇宫，男主得知之后，来不及整理仪容，披头散发就往宫中跑，要去保小皇帝。

而小皇帝身在宫中，瑟瑟发抖，他前面两侧有埋伏着的弓箭手，谁来都得死。

如果不出意外，男主就该死了。

但男主没有死，因为男主太帅。

不要质疑剧情的神转折，本人有史书为证：初，兵交，绍奔散赴宫，有持弩在东阁下者，将射之，遇有殿中将兵萧隆，见绍姿容长者，疑非凡人，趣前拔箭，于此得免。

有人看到男主太帅，把弓手手里的箭都给拔了。

我也很无语。

反正我是没有想到，长得帅还有这种好处。

小皇帝于是与男主再次拥抱到了一起。

不过好景不长，天下又乱了。

那年头，史称八王之乱。

司马家的八个王爷轮番造反，往来攻讦，一时半会儿是止不住的。

于是时势推着男主与小皇帝,外出逃难。路上小皇帝只能吃干粮,或许有人问过小皇帝:“你现在怎么不说何不食肉糜啦?”

小皇帝再也没什么话说。

男主这时候就会教训那人,说:“你这么跟皇帝说话,怕不是想死?即便陛下不是天子,那句话也是出于善意,无心之失,你如今诋毁讽刺,还不如那句‘何不食肉糜’。”

男主是会这么帅的。

我猜小皇帝的星星眼都眨到天上去了。

可惜帅不到最后,兵败后各自散落天涯。

好在过了些年,小皇帝又被什么人推着,要去北伐某个王爷,男主闻讯赶来,仍旧是面无表情地护着小皇帝。

小皇帝还很开心,浑然不知这是他们最后一次见面。

彼时,正撞见乱军袭来,兵逼圣驾。

有同僚偷偷问他:“你有没有藏起来的好马啊?”

男主冷着脸说:“滚。”

同僚或许就急了,骂他,笑他说:“你为了一个傻子,值得吗?”

男主说:“曾经我也问过我自己,一个傻子来执掌天下,会有好结果吗?”

“现在我知道了,天下之所以变成这个样子,不是因为陛下,而是因为你们这样的聪明人。”

当天,刀光剑影,长枪染血,男主一步不退,护在小皇帝身前。

小皇帝满目都是惶急，他挥舞着双手，声嘶力竭地对前方乱兵大喊，这是他仅仅能做的。

“忠臣也，勿杀！忠臣也，勿杀！”

可惜没有人听他的。

天空中响起尖锐的鸣叫，利箭雨集，兜头倾洒下来。嵇绍回身，替小皇帝挡着那些箭矢，那张始终沉重的脸上，或许绽起了一丝微笑。

扑通，男主随着箭雨一起倒了下去。有一刹那天地都静了下来，男主嵇绍嵇侍中的血溅在小皇帝身上、脸上、龙袍上，他仿佛更痴傻了一些。他伸着手，颤抖得停在虚空里，身边是厮杀声、利器入体声、刀剑割骨声，他什么都听不到了，只看见男主的尸体，将永远深埋在黄土里。

世界又变成黑的，人潮又变成冷的。

小皇帝再次回过神来的时候，他已经被乱兵簇拥着重归京城了。王爷们还要挟天子以令诸侯，再也没有比一个傻子，更适合当傀儡的角色了。傻子怎么会不听你的话呢?

王爷们下令，给皇帝沐浴更衣，坐上龙椅。

但是没人能想到，这头一个命令，小皇帝就没有同意，他死死抓着衣服，无论如何都不同意，谁来谁死的那种。

小皇帝红着眼睛，望向他们所有人，王爷、官员乃至左右太监所有人。

"此嵇侍中血，勿去也！"

参考文献：

《晋书》房玄龄编，中华书局1996年版。

《资治通鉴》司马光编，中华书局2009年版。

第三部分　风流公子的高歌

那年我出生在名门望族之中，耳濡目染，都是醇酒美人，歌舞抱负。

我的父祖告诉我，我们这样的人生来就是要肩负天下重任的，同样也是生来就注定要享受天下风云的。

离开父祖的庇护之后，我开始从基层做起，那时认识了一个少年，他的家境不如我好，但他眼中的火仿佛能随着酒和月光烧到地上。

这让我想起受胯下之辱的韩信，斩白蛇的刘邦。

书里说这样的人，叫作英雄。

我与他天天秉烛夜谈，我发现他对这个天下有着敏锐而洞察的看法，而我对诗文和政治的思路同样影响着他。

天还未亮的时候，我与他会同时睁开眼睛，我是贵族子弟，将来纵然真的天下有变，我也绝不能输给这样一个少年。

所以我们闻鸡起舞，所以我们谁都不认输。

那些年京城比较乱，一个叫司马衷的傻子当上了天子，另一个叫贾南风的丑女人成了皇后。

贾南风掌控朝政，她的侄子贾谧便成了京城声望最高的年轻人。

贾谧这个人我是看不起的，从他的出身到他本人，我没有一样看得起。他爹叫韩寿，凭着一张脸行走天下，因为被他娘看上，天天翻墙过去跟人苟合。

贾谧他娘还把香囊送给了韩寿，所谓窃玉偷香，说的就是贾谧他爹。

香气馥郁，事情便被人知晓了，贾家只好派人提亲，让韩寿娶了贾家小姐，随后便生出来贾谧。

韩寿死得早，贾家又没有后人，贾谧便过继成了贾家后人。

所有世俗中的华美玩具，无论是香车美人，还是醇酒歌舞，都是贾谧玩烦了的东西。

所以他还想玩弄权术，拉帮结派，对太子都蛮横无理，只仗着宫里的贾太后，连王爷都不放在眼里，一句话就能把一个王爷逐出京城。

我爹告诉我，要去京城，一定要把这位爷伺候好，不要太过清高，否则家中有灭顶之灾。

我笑了笑，固然我看不起贾谧，但陪着这种人玩一玩，我还是很擅长的。

毕竟贾谧这种人，你夸他什么他都习以为常了，有权有势有相貌，他都不会动心，但你夸他有才华、懂生活、会讲究，他一定很开心。

像我这样的聪明人还有很多，比如长得很帅的潘安，比如很有钱的石崇，大家围在贾谧的身旁，把他当傻子看，只有贾谧还乐呵呵的，以为自己是天命之子。

很快，贾南风在废黜太子之后被她所相信的司马伦给杀了，贾谧跪地求饶，还大喊"皇后救我"。死到临头，也不过是一场笑话。

京城里的一幕幕就发生在我眼前，这些天里我也笑着与他们谈玄赋诗、吹笛作歌，但面对着即将大乱的中原，我脑海中只有一个人。

祖逖。

少年时与我闻鸡起舞的英雄，不知他现在又在何方。我们曾相约过，等真的天下大乱那一天我们要相避于中原，不知他还记不记得。

罢了，他记不记得，我的英雄基业也该就此开展。

我尝试着领兵作战，周旋在几个王爷之间，反正我出身名门，没人敢轻易杀我。

这期间有胜有败，只是我没有想到，会有人偷袭许昌，打败了支持我的王爷，还俘虏了我的父母。

我深吸口气，名门贵族的教养让我保持冷静，这样的时刻我没有再现身中原，而是纵马去了幽州。

我想过了，能尽快破局，救出父母的方法唯有动用骑兵。

但幽州刺史只答应给我八百骑兵，他脸色很不好，他说中原这么乱，他也不想随便站队，北方还有虎视眈眈的异族，你理解一下。

我笑了笑说：“足够了。”

无论前方是不是刀山火海，我也能仗剑高歌，横压强敌。

那年我率八百骑兵，大破东平王，又追击击破俘虏我父母的仇人，解救家族，一路追亡逐北夺城杀将。

吹笛写诗、喝酒谈玄的贵公子，一晃成了世间风流英雄。

后来我带人去了北方，幽州刺史说得对，北面的异族虎视眈眈，很快会打来中原，所有人都将流离失所。

我去的地方叫晋阳，是一座孤城，三面都有不同的外族在盯着这块肥肉。

我还收到了祖逖的消息，他带着一群败兵南渡了，很得人心，我想他不久之后就会北伐。

他可是天下少有的英雄，我不会让他轻松赢过我的，我希望能在他之前就平定北方乱局，倘若他真代表着南方的朝廷提兵赶到，我会与他决一雌雄。

想一想就令人快意。

未来还是遥远的，当下我还有许多事做。我安抚流民，修筑城防，合纵连横，使我面前的敌人只剩下一个。

那些年里，我们互有胜负，有许多次我都觉得自己撑不下去了。

比如敌军围困晋阳城，只等我们粮尽水绝。那是一个无云的好夜，我登上城墙，明月高照，忍不住长啸几声抒发心中郁结。

长啸几声不足以抒发郁结，我又吹起了胡笳。

那首曲子，吹得人肝肠寸断，无论敌我，都陶醉其中。

我想起了很多年前的岁月，想起了我的家乡，想起了我曾经以为是耻辱的洛阳时光。曲水流觞，诗酒风流，都已经消散在风中了。

这首曲子吹完的时候，长风吹来，还送了阵阵哭声入耳。

我有些诧异，极目远望，才发现是胡人在城下听了我一晚的曲子，泪流满面，竟然就这么退走了。

我笑了笑，心想我果然是命定的英雄。

我想这次胡笳退敌，是我贵公子独有的手段，我要成为天下英雄，自然也要发扬这种手段。

可惜我错了。

我的名望与贵公子的洒脱不羁，的确为我招揽来了不少流民与勇士，但同样因为我太过浪漫与奢华，那些真正务实的人又渐渐离去了。

我没有办法辩解，很多年以后我才明白，我就是喜欢声色犬马，喜欢什么样的酒配什么样的杯子，即使天下沦丧，我自知重任在肩，仍旧没有魄力摔毁旧日的一切。

这样的贵公子，纵然尚可振臂一呼，激扬志气，但却无力回天了。

那年我腹背受敌，三军溃败，转而投奔我的结义兄弟，结果名高为罪，这位结义兄弟随便听了几句诬陷的话，便要杀了我。

我写了一首诗，说：

吾衰久矣夫，何其不梦周？
谁云圣达节，知命故不忧？
宣尼悲获麟，西狩泣孔丘。
功业未及建，夕阳忽西流。
…………
时哉不我与，去乎若云浮。
何意百炼钢，化为绕指柔！

大好江山，我曾经也是百炼精钢，化作刀剑想斩出个朗朗乾坤，如今都无能为力了。

我叫刘琨，西晋最后一个大将军。

参考文献：
《晋书》房玄龄编，中华书局1996年版。

从前有个牧羊少年，本来应该算是庶族出身，但硬生生活成了所有名士都会去拜会的贵族。

少年他爹死得早，他只能守着传下来的一屋子书，去给别人放羊。

那天放羊的时候，少年看到了一位读书人在身旁经过，或许是读书人高谈阔论，或许是少年闷得无聊，终于开口与人搭腔。

读书人一头雾水。

这年头，一个放羊的都能谈论诗书了吗？

读书人轻咳两声，捡着容易的，问了两句关关雎鸠，子曰诗云。

牧羊人回了他几句尚书史记，谶纬周易。

读书人又一头雾水。

读书人一颤，心想这放武侠世界里，就是我随便在村头逛逛，碰见个小孩要跟我过招，我使了个五虎断门刀，人给我来一套降龙十八掌。

就这个概念，这谁顶得住啊？

读书人就把牧羊少年给推荐出去了，毕竟人才，放哪儿都值钱。

少年就凭着自己的才华，娶到了媳妇。

但这并不能完全改变自己的家境，或许某一天，少年放羊回来，看见灯下的妻子缝缝补补，突然就心疼了。

少年说："要不我们换种活法？"

妻子就笑说："跟你在一起，怎么活都行。"

于是少年挥笔就写了一篇赋，找人发出去，顿时成了当年的爆款，十万加。

阮籍看到这篇赋之后，当场拍案，说："王佐之才也！"

阮籍这样的大 V 都发声了，那少年的身价自然水涨船高，很快就登上京城，入朝为官。

接下来，请开始你的表演，让我们看看少年放羊那会儿，都读了什么书。

首先，是建筑学。

汉朝宫室制度和宫殿里的千门万户，少年如数家珍，甚至还把设计图画了出来。

围观众人一脸蒙圈。

其次，军事、经济。

那年天下三分，有个驸马跟少年一样，都是学霸，驸马精通水利、建筑、哲学、律法……

名叫杜预。

杜预同学提议伐吴，整个朝廷都是骂声，唯独少年力排众议，说伐吴必胜。

还亲自当了度支尚书，负责粮草、经济。

当然，那个年代里少不了书法、文学，人称少年的诗赋：儿女情多，风云气少。别有一番清丽滋味。

而且看的书是真杂，那几年天下间流行着一句话，凡事不懂问张华。

没错，少年就是晋朝大臣，张华。

至于他懂的究竟有多少……反正后世传得堪比算命老道。

比如陆机有次请张华吃饭，有一道菜，刚刚揭盖，张华就说：“此乃龙肉。”

陆机无语了。

张华就笑说：“不信你让人用苦酒浇上，必有变化。”

陆机当场就让人试，果然龙肉上有氤氲五彩，顺着酒气飘散。

又比如，有人家里放了个铜盆，早晚都会响动，跟闹鬼一样。

这人心惊胆战，就去问张华，张华哦了一声说：“没事，你这盆跟宫里的大钟音律相同，这是共鸣了，你把它挫薄就行了。”

如此种种，数不胜数。

所以这个故事告诉我们，哪怕你在放羊，也要多读点儿书。

像张华这样的读书人，自然成了朝野敬重的名臣，无论是陆机、陆云，还是贾谧、潘岳，都对张华颇有尊重。

而张华也当得起这种尊重，即便被排挤到幽州这种地方，还是能做出功绩，不仅把当地治理得井井有条，外族部落还都来朝拜。

这种读书人就最可怕了，仿佛什么都能干，什么都能行。

所以很多年后，晋惠帝司马衷继位，把持朝政的权臣也被恶后贾南风干掉，朝堂上能干活儿的人就都要仰仗张华了。

渐渐的，张华做官做到司空，几乎掌控天下间的一举一动。

贾南风和贾谧再折腾，也没把天下折腾完蛋，皆因有张华的努力支撑。

只可惜局势总会向着更坏的方向发展。

贾南风和贾谧要废太子了，张华这些年提拔了不少人，朝野上下都有他的亲信，有朋友抱着必死的决心来劝他，说只要你敢干，带兵废了贾南风，天下事便真的定了。

彼时已经身居宰辅之位的张华沉吟着，他说："如今陛下还在，皇后又是太子之母，我要是真的这样做，便是目无君上了。"

朋友说："倘若真让贾南风废了太子，朝局大变，大人或许也未必能独善其身！"

张华说："放心吧，我不会让他们杀了太子的。"

那些天里，张华在朝上据理力争，说废太子不可，势必引发大祸。

贾南风说："呸，垃圾。"

贾南风直接去找了天子，天子的智商不高，很容易忽悠，随随便便就答应了废太子为庶人。

某位跟张华有仇的王爷趁机起兵，说着要为太子报仇，实则是想自己夺权。他砍死了贾南风和贾谧，顺手又抓了张华。

张华眉头一皱说："我乃先帝老臣，忠心耿耿，谁敢杀我？"

王爷的使者说："你这就有点不要脸了，你哪里忠心耿耿了，你真忠心耿耿就不会让太子被废掉了。"

张华说："我不能目无君上，我已据理力争。"

使者嗤笑说："你读书多，来，你给我解释解释，什么叫据理力争？你是像忠臣那样死谏，还是像高人那般事不成则辞官？太子被废，你不还是照样当你的官？"

张华默然无以应。

原来读了那么多书，很多事情还是做不到的，六十九岁的张华就此死于洛阳。

参考文献：

《晋书》房玄龄编，中华书局1996年版。

《太平广记》李昉著，中华书局2013年版。

这是一个深情花美男的故事。

从前有个书生，出身寒门，他爹拼了一辈子，才是个五品小官。

书生告诉自己，一定要出人头地。

那年书生还很年轻，每日都挑灯夜读，读到神童之名传遍乡野。

十二岁，有名门望族的姑娘不惜与家里争执，还是要与书生订婚。书生拉着姑娘的手，目光很认真，许下一生之盟。

终此一生，恒敬恒爱。

姑娘含羞，点了点头，

从那以后，书生更加刻苦，才华如长江之水，浩荡不绝。终于，朝中太尉看中他的才华，推举他入朝为官。

那年，他十七岁。

书生进了京城，里面的公子哥都是名士，三妻四妾，歌姬成群，那叫名士风流。

书生独善其身,连朋友介绍姑娘,他都只谈笑拒绝。

朋友就很无奈地说:"你长得这么帅,还一副深情男主人设,我们很难混的啊。"

书生就笑,不回话。

书生是真的帅,惊艳千古、名垂史册的那种帅,花样美男说的就是他。

那会儿书生在河阳当官,肃清盗匪,又种满桃花,书生的身影在桃林中时隐时现,人称:桃花县令。

不仅如此,他出趟门,什么都不干,就有女粉丝朝他车上扔瓜果蔬菜,欢呼雀跃说:"书生书生我爱你。"

然后书生就收起瓜果蔬菜,乐滋滋地回家煮饭。

女粉无语。

两年后,书生在京城混得风生水起,不乏高门大户,给他介绍闺中小姐。

书生不好拒绝,于是举办了场盛大的婚礼,娶了当初的未婚妻。

名门小姐,自然不可能做妾,书生笑着对未婚妻说:"娘子,你夫君聪不聪明啊?"

娘子就笑,一边笑一边哭。

可惜,好景不长,那会儿正赶上皇帝出巡,书生写了篇文章,歌颂盛世。

文章写得妙笔生花,皇上大声叫好,在座所有人都黯然失色。

这就不行，这就很不给大人们面子，你是年轻人，有锋芒都得藏着。

大人们决定给书生一个教训，他们把书生从朝廷里踹出去，外派去当县令，这就有了刚才说过的“桃花县令”“花样美男”。

书生刚当县令那会儿，还是一身正气，从前他就呵斥过偷奸耍滑的小吏，如今更是接济了不少穷困的才子。

闲来无事，就与娘子煮茶论诗，种桃出游，小日子安逸得很。

只是书生终究不是甘于平淡的人。

某个夜晚，书生远眺京城，里面灯火辉煌，有功业名利，还有一生抱负。

娘子默默走过来，拉起他的手说：“夫君想去，我们就一起去吧。”

书生重重点头，眼眶里有泪水打转。

书生说：“哪怕这次我重出江湖，会不择手段，会变成一个小人，我还是要去吗？”

娘子笑了笑说：“我不管你会变成什么人，你始终都是我夫君，你不去，我心里难受。”

书生重重拍案说：“好，我们去，尸山血海，我也要杀成人上之人！”

这次再去京城，书生果然变了，他没有原来的一身正气，变成了趋炎附势的小人。

有达官贵人的车马经过，人还没到，尘土刚起，书生就弯腰下拜。

这就是望尘而拜了。有人说他谄媚，书生面无表情，心说我还能谄媚得更厉害。

那会儿正是晋朝，书生写了篇文章，来说明晋朝的正统性，把欺负孤儿寡母，以臣弑君这种事情，都给洗白了。

文章写得特别好，书生更受重用。

有种说法，还说书生帮着奸臣谋划，参与了陷害太子一案。

最终，书生追随着奸臣，终于站稳脚跟。

而他回眸身后，早已骂声一片。

书生不在意，这些年他用过种种手段，变成趋炎附势的小人，但有一个最方便快捷的法子，他始终没有考虑过。

以书生的相貌，本可以轻松与权贵联姻的。

书生没有。

书生背叛了公理正道，却唯独没有背叛他的娘子，只可惜公理正道，背叛者必遭天谴。

书生在京城站稳脚跟的几年后，他的娘子，与世长辞了。

那天灯火昏黄，书生像一个木雕般站在门外，不敢进去看娘子的尸身。

天外轰隆一响，暴雨倾盆而落。

书生站在雨里，看到世界支离破碎，什么都听不到，什么都模糊起来。

恍惚间，他听到有人在哭，哭得悲怆，痛彻心扉，像是要把血给哭出来。

原来是他自己在哭。

那年，书生辞官，为娘子守丧一年。

从来没有人，会为自己的妻子守丧，在书生之前，也从来没人会为妻子写悼亡诗。

书生叫作潘岳，他有个更广为人知的名字，叫潘安。

貌比潘安的潘安。

妻子死后，潘安连儿子都没有，有人劝他赶快再娶个姑娘，都被潘安拒绝了。

那时候的潘安，形容憔悴，走在京城的长街上，恍恍惚惚。

有人要杀他，诬陷他参与叛乱，要诛他三族。

潘安这才像是反应过来，可惜手忙脚乱，已然应对不足了。

于是入狱，处斩。

那天，潘安跪倒在刑场上，这一生追名逐利终成空，他抬起头，想起娘子的嫣然一笑。

血从脖颈间喷上天空，潘安痴痴笑出声来，那抹血红，像极了那年春天，与娘子一起在河阳种下的桃花。

人面不知何处去，桃花依旧笑春风。

参考文献：

《晋书》房玄龄编，中华书局1996年版。

《世说新语》刘义庆著，沈海波译，中华书局2007年版。

我来这个世上，就是要荣华富贵，享受一生的。

我的祖父是曾经的大将军，不是司马懿、司马师那种大将军，而是大汉的大将军。

很多年以前，我在史书里看到陈胜、吴广说：“王侯将相宁有种乎？”

我想的确是有的，我是大汉大将军的孙子，所以我七岁的时候就已经很聪明了，或许是过目不忘，或许是敏锐洞察。

总而言之，后世的书里只说了四个字“明慧若神”。

所以曹操想收我当干儿子，呵，他一个宦官之后，凭什么让我这个大将军的孙子给他当干儿子？

即便我住在曹府之中，我仍旧在我脚下画了一个圈，我笑着望向那个中年曹操，我说：“您富有四海，而我脚下这一圈，就是何家的地盘。”

曹操哈哈大笑，我想他一定觉得我又聪明，又有坚持，所以他送我回了何家，但仍旧待我极好。

我来世上这一遭，就该是来享受富贵荣华的。

所以我经常穿着跟曹丕一样规格的衣服，用一样规格的车马，浩浩荡荡地走在大路上。

其实我很看不起曹丕，他这个人本来还挺好的，喜欢诗、喜欢剑，只可惜当他想要争世子位置的时候，就变得阴沉隐忍起来。

笑话，曹孟德何许人，看不出你的隐忍？

我与曹操一样，当然更喜欢曹植，我跟曹植一起吟诗作赋，也与夏侯玄探讨玄学。

自然，这种时候也少不了妙龄少女，红袖添香，人世间所有美好的事物，都该我来享受。

倘若你非要问我为什么，或许是王侯将相生来有种吧。

很多很多年以后，在我脚下的这片土地上，又有许多像我这样的人，他们出生在世家门阀里，生来就是贵族，上品官职唾手可得，而且还丝毫不用干活儿。

高歌饮酒便是。

我们就是这个天下的拥有者，当然，我们的皮囊也要配得上我们的身份，比如夏侯玄，那厮气质特别好，长得特别帅。

我跟他比起来，仍然有一个优点。

我比他白。

曹丕那小子，我俩互相看不惯，他活着的时候我没有当官，他死去之后，他的儿子倒是对我很感兴趣。

他以为我长得这么白，是因为敷了粉。

所以他特地赐给我一碗热热的面汤，让我趁热吃掉，我吃的大汗淋漓啊，他或许以为汗水能冲掉我脸上的粉，露出我的本来面目。

奈何我本来就这么白，哈哈。

曹丕的儿子也不是省油的灯，他没有给我太多的官职，他说我太能讲了。

我文辞华丽，怪我咯？

我文辞华丽，就代表我不能做些实务吗？

我搞不懂他们曹家人的脑回路，曹操的文辞雄浑，死前照样分香卖履，通过文章看一个人，简直笑话。

那段时间里，我又找到了另一种享受方式。

从前我以为人间荣华，无非是权力、财富、女人，后来我才知道，原来世上还有五石散。

我服五石散后，但觉头脑清明，无论是谈玄辩论，还是挥手作诗，都才思汪洋起来。当然也有那么一点儿热，需要赤着上衣去发散一些药力。

不过这都无所谓了，凭我服散后的才思，倜傥不羁的行为，还是快速吸引了一批五石散热衷者。

这些人推着我，让我的名声更响，趁曹丕的儿子死去后的时节，我又写了几篇玄学经典文章，终于步入朝廷。

我在曹爽手下任职，第一次接触到掌控天下的权力。

仿佛所有的财物、良田，只要我想要，就没有拿不到的，纵然有人不给，很快那个人也会消失在我的视野里。

此时再服一点儿五石散，再作一两篇文章，神仙中人，莫过于此。

有人来问过我说："你这样下去，不怕遭报应吗？"

我哈哈大笑说："报应乃是你们凡人会遭的，不是我，我的祖父是大汉大将军，养我长大的是魏武帝，而我自己开玄学风气，明慧若神，本该享受这些，谈何报应？"

直到高平陵之变。

司马懿率军发动政变，掌控京城，这时的曹爽六神无主，不知如何是好。

他不像我，我神色不变，像夏侯太初一般。

当然，他若是问我有什么办法，我也是没有什么办法的。

办法已经被人说尽了，有人说让他带天子回许昌，号令天下杀回京城，又有司马懿派来的人说你可以放弃兵权，我不会，也不敢杀你的。

倘若你要我选，我也不知如何选。

杀回去，万一输了呢，那就死透了，还不如投降。

反正像我们这种人，乃是天下贵族，司马懿总不会杀我们的。

曹爽大概也是这么想的。

然而司马懿骗了他，随便找了个罪名，说曹爽意图谋反，强行给曹爽定了罪,要杀他三族并揪出他的党羽。

曹爽死的一瞬间,我打了个哆嗦,仿佛被阴影里的巨兽盯上了,我想:原来这世间的贵族也是会死的,总有人不讲规矩,总有人拳头比血脉还大。

我诚惶诚恐,跑到司马懿的面前,头深深埋下去,说您交给我吧,让我去查曹爽的案子,我一定把他身边的党羽都找出来。

司马懿的目光若有若无扫在我的身上,他轻轻嗯了一声,我如蒙大赦。

那时,我想原来活着,就是最大的享受。

只可惜我明白的太迟了。

那天我把查出来的证据交给司马懿,司马懿眯起眼睛来,他坐在高处,我不敢看,也看不清他的面容,我只听到他沉声说:"参与谋反的,共有八家。"

我的心脏像是被大手攥住,我颤声数完了串联曹爽的家族,丁家、邓家,我都数完了,一共也只有七家。

司马懿的声音像是从黄泉里飘出来,他说:"还差一家。"

我身子陡然一震,我明慧若神哪,我忽然想通了司马懿的意思,我闭上眼睛,泪水啪嗒落在地上,我颤声说:"难不成……你是说还有我吗?"

司马懿笑了,他说:"正是。"

我双眼一闭,一世荣华富贵,过眼成灰。

我叫何晏,被诛三族,来生无路。

参考文献：

《三国志》陈寿、裴松之，中华书局2006年版。

《世说新语》刘义庆著，沈海波译，中华书局2007年版。

自我出生起，我就明白我的姓氏所代表的重量。

像是一座亘古已存的山峰，耸立在云间，秋风袭来的时候，满山的树木摇动，却并不凋零，始终融于天地之中。

我爹告诉我，只要这座山在，江南就在。

那时我盼着长大，我想待我长大，我也会成为这样的山峰，与我父亲，与我爷爷一样，我们陆家人便可以连山为脉，伫立东南。

只可惜我十三岁那年，父亲便去世了。

我还没来得及积土成山，峰就垮了。

其实很多年以后我才明白，原来有些英雄是不论年纪的，我爷爷十四岁的时候就能统领一方家族，而我的十三岁之所以那么平凡，不过是因为我当不了英雄。

后来的很多年里，江南天子荒淫无道，在我积土成山的岁月里已经败光了父祖基业。

我二十岁那年，天子投降，我便没有故国了。

从此闭门读书，以文字作酒，浇我心头块垒。

只是心间小不平，可以以酒浇之，世间大不平，唯有以剑才可消之。

我写过一篇长文，剖析江南小国的兴亡，名动天下，和我那同样才华横溢的弟弟一起得到了世人的关注。

流星划过大江，在那个夜里，我忽然想到，我或许可以借这个机会，恢复我父祖的声望。

我要成为那座山。

新的朝廷定都在洛阳，我和弟弟打马北上，意气风发，人们都说二陆入洛，三张减价。从前的洛阳名士，在我们进城之后，都变成了二流角色。

当时共客洛阳，我辈初来正少年，纵然北方的门阀看不起我们，我们江东世代贵族，又何尝看得起他们？

有个叫卢志的刁难过我，他说陆逊、陆抗，是你什么人哪？

这年头直呼别人父祖的名字，是一种无言的挑衅，我若是反应激烈，就会落人口实，说南方的都是蛮子，我若没什么反应，便会显得怯弱了。

我喝了杯酒，淡淡瞄了他一眼，说正如你跟卢毓、卢珽一样。

那两个名字，也是他的父亲与祖父，绵里藏针，让他无言以对。此事传扬出去，我的名声像湖中波纹般荡开，谁都认为我有了做名士的资格。

能做名士，便可做名臣。

我常常在想，只要有机会匡扶天下，我就一定可以重现陆家的荣光。

我叫陆机，刚入洛阳那些年，是我人生中最光辉的几年。迎来送往，都是达官贵人，清谈玄辩，都是天下名士。

偶尔思念故里的亲人，还有条通灵的黄狗，只要把信给它，就能往返千里，再把回信捎来。

倘若没有那番政变，或许我真的能成为一代名臣，如萧何，如诸葛亮，即使没有太大的建树也足以造福一代。

只可惜，这个天下不太平。

提拔我的人在一场政治风波中死去了，一贯温文尔雅的弟弟也有些着急，他问我究竟应该怎么做，是要与新的权贵虚与委蛇，还是宁为玉碎，不为瓦全？

我把自己关在屋子里，同样想了很久，最终我推门出来，晃来晃去的弟弟突兀停下。

我深吸口气说："我们便去虚与委蛇。"

毕竟我还有那么大的志向，那么多的才华文字，好酒好梦都还没来得及实现，我怎么甘心就这样死了呢？

我开始拜谒公侯，也谈风花雪月，偶尔送他们几篇不痛不痒的文章。

他们便大声夸我说："果然才华横溢。"

这又算什么才华横溢的，真正的文章，词笔如刀，令人看一眼就无法自持，哪还有夸才华横溢的力气？

只是我没想到，当新上台的权贵被清洗之后，因为我曾参与过他们的活动，也被关进大牢，随时准备斩首。

自国破以来，那是我最难熬的一段时间。

好在这些年我在朝中也结识过不少朋友，也有些王爷怜惜我的才华，我终究没有被问斩，而是流放边疆。

那时我本已心灰意冷，未承想一场大赦，我又回到了朝中。只是彼时我还不知道塞翁失马的道理，也没有明白生命中的运气，总会在不知不觉中消耗一空。

我只以为，这是天赐我重来的机会，我一定要把握住。

朋友劝我说："中原已经这么乱了，不如回到江南，你有那么大的家族，一定能挺过去。"

我摇摇头说："我的抱负是匡扶天下，岂能临阵退缩？"

之后的几年里，王爷们轮番掌权，这里边有暴虐的王爷，我给他写赋劝谏，也有毫不居功自傲的王爷，这位王爷还救过我的性命，我自然会卖命给他。

我为他写文章宣传，拉拢人才，而当我发现王爷身边有些宦官弄权，我同样会义正词严的拒绝掉来自宦官的交易，把这些宦官的野心狠狠打压。

一步步的，我竟然也做到了三军统帅的位置上。

王爷告诉我，眼下中原大乱，我能相信的人不多，你算一个，我把军队交给你，你要赢。

我深吸口气，我知道自己政治才能更多些，而军中历练则太少,真对上其他王爷的兵马,未必能有胜果。

朋友劝我说:“不然你就推掉这个职位吧。”

我下意识摇头说:“不能推,推掉三军统帅,王爷心里必然会留下我不忠的种子。”

还有一个理由我没有告诉朋友,我望着星汉灿烂,梦回少年,我想:假如我推掉这次机会,不知何年何月,才会等到下一次领兵出征了。

我要重现我父祖的荣光,我也要以三军铸成钢铁山脉。

出征那天,钟鼓齐鸣,三军逶迤,史书上说我这次兵容之盛,汉魏以来未曾有也。

但我还是败了。

或许是因为我还没来得及练兵,四面八方的士卒根本无法相信彼此,一有溃败,便三军皆溃,敌军追亡逐北,便尸沉骨埋。

原来我并不是父祖那样的英雄,一直以来驱使着我的,不过是不负责任的执念罢了。

回朝后,王爷身边的宦官和曾经刁难我的卢志都诬陷我谋反,说我故意战败,要下罪问斩。

无所谓了,我几十年来都想成为那座山,事到如今才发现我本该做一棵树,又有什么好说呢?

只是他们说要诛我三族的时候,我的心才突然被攫住,我想起了我的弟弟陆云。

他从前很爱笑的,后来便不怎么笑了,他不像我,那么想爬上高位去重现家族的荣光，他所做的一切都对得起本心，他不该死的。

刑场上的风悠悠吹来，我想起与弟弟一起在江南读书的日子，恍惚间泪下沾襟。

“华亭鹤唳，岂可复闻乎？”

那一天，北风折木，平地里积雪尺厚，似乎天地都在我为陆家送葬。

我叫陆机，醉卧华亭闻鹤唳的日子，再也回不来了。

参考文献：

《晋书》房玄龄编，中华书局1996年版。

今天给大家看看，有钱人到底是怎么炫富的。

这次的主角，一袭粗布衣服，生活节俭，看起来再寻常不过，只有那若有若无的气质，嘶，不好形容，我们就叫他大佬好了。

那日天子来到大佬府上，也不知道是哪根筋搭错了，非要炫富，特地穿着西域进贡的火浣布来显摆。

或许是天子想告诉大佬，你再有钱，也没皇家有钱，你再跋扈，也得收敛些。

面对着粗布淡食的大佬，天子就是一顿炫富。

这火浣布可了不得，是西域特供，天下也只有朕才能穿得上这一件。

大佬抬头，大佬笑了笑。

大佬拍了拍手，然后他俩的奴仆就上来了，成排成列，全穿着火浣布。

天子无语。

大佬穿着粗布衣裳，吃着简单饭食，一脸诧异看着天子说："陛下你干吗呢？陛下您继续训导啊，臣无不感激涕零。”

天子更无语了。

天子能怎么办,天子只能靠后宫三千佳丽打败这位大佬。

然而仍然不行。

毕竟天子身份尊贵,即便真有三千佳丽,也不能想怎么玩就怎么玩。

大佬能。

大佬把什么名贵香木啊、象牙啊,都给磨成粉撒在床上,然后叫妹子们过来走。

有个妹子走过来,留下了脚印。

大佬嫌弃:“啧啧,不行啊,该减肥了。”

又有个叫绿珠的妹子走过去,月影翩跹般,踏雪无痕,一点脚印都未曾留下。

大佬哈哈大笑,一把搂住妹子:“有本事,赏你今晚给我侍寝了!”

天子非常无语了。

天子内心也想玩。

当然,他是玩不了的,甚至连再次上门跟大佬斗富都斗不了。

那能怎么办呢,皇家的脸面还是要有的,只能靠其他人去要。

比如一个叫王恺的皇家亲贵,带着万贯家财,非要去把面子找回来。

大佬说:“行,就让他来。”

那结果当然是显而易见的,王恺纵然用了各种本事,又岂能玩的过大佬?

你出场前还要铺多少里的红毯对吧?

算了,多少里我懒得问,我下车吧,离酒宴还有多远就给我铺多远的红毯。

反正排场比你大,享受比你高级。

没错,固然历史上没有这么牛,但大佬就是这样一种心态没错了。

这种心态放在日常里,就是……贫穷限制了我们的想象力。

厕所该是什么样子的呢?你以为古人再牛他们的厕所也不如现代厕所干净吗?

不,贫穷限制了你的想象力。

那年有个穷书生出身的官员来大佬府上赴宴,一不小心闯进了一个地方。

这个地方纱帐轻罩,香气袅袅,还有不少惊艳美人准备好了干净的衣服,笑吟吟地看着门口。

穷书生出身的官员吓了一跳,慌忙退出来说:“不好意思,我误入闺房了。”

大佬哈哈大笑说:“那是厕所,我这人爱干净,你上完厕所我得让人给你服侍换衣才行。”

穷书生无语。

穷书生说:“不行了,这地我承受不起,大人我溜了。”

有时候绿珠也会问大佬:“您这么猖狂, 真的不怕有人来找您的麻烦吗?”

大佬哈哈大笑,笑出泪来,他说:“这个世道啊,人人都快要死了,能快活一天便是一天,死又何妨?”

大佬沉默下来,又叹息说:“更何况我做了那么多恶事,早该死了。”

绿珠紧紧抱住他说:“没有,大人你是好人。”

大佬大笑,一振臂推开绿珠说:“我才不是什么好人,你莫污蔑了我。”

大佬的确不是什么好人,他年轻的时候没什么钱,那会儿他倒像个好人。

他出生在开国元勋的家里,家里特别有钱,他爹死前还把他们哥儿几个叫到身前分配家产。

他爹说:“老大啊,你以后要撑起这个家,你得拿钱。老二、老四、老五,你们都是短命的娃,拿钱去挥霍吧。老三……你就比较蠢,分你点钱,希望你能保全自己。”

彼时才十几岁的大佬睁大了眼看老爹,心想:我呢?为啥还没到我?

然后他爹就说:“老小啊,你是个人才。你自己能搞到钱的,我就不给你留了。”

大佬一头雾水。

就这么着，大佬度过了很长一段时间只能领零花钱的日子。

那些日子里，大佬闭门苦读，以为经世济民跟家财万贯是可以兼得的。

后来他才知道，他这样的人不会有太长远的发展。

他大哥像他一样，年少轻狂，少年意气，对很多事情都看不惯，上书进言。

然后他大哥就被人办了。

好歹凭着开国元勋的家族势力脱罪，大哥也放出来了，一切本该尘埃落定。

但大哥得罪的人是王爷，王爷这种人，没人给他发泄他是不会痛快的。

王爷又把目标放在了大佬身上。

罪名荒唐可笑，说："你哥哥被天子释放，你凭什么不去谢恩？你是不是目无君上？"

年轻的大佬一头雾水。

那一次，倾尽家财也好，天子顾念他们开国的功勋也罢，总算放了大佬。

兄弟们纷纷来劝他，大佬沉默半晌，突然笑起来，他说："我为官一任造福一方，我文武双全天下知名，原来还是要靠家财救命。"

大佬说："这个天下，又能有什么意思？"

后来的大佬仿佛变了一个人，他无论在什么官职上都费尽心思去弄钱。

在京城弄钱也便罢了，在外地更狠，直接派兵去抢劫来往的商人，所谓天子的火浣布，估计也都是被大佬抢剩下的。

那些年，大佬也不是没有遇到过英雄。

真正的英雄啊，像浩浩荡荡的洪水，从这个混浊不堪的世道涌过去，就是能有人像中流砥柱一样撑住，不改心中信念分毫。

这人是嵇绍，嵇康的儿子。

那段时间里，大佬虽然官职比嵇绍高，却对嵇绍十分恭敬。

只可惜这世上没有几个嵇绍。

当大佬回到京城的时候，朝局已经变了，曾经找他炫富的天子已经死去，新的智障天子已经上位，真正掌控朝廷的是贾家。

大佬开始望尘下拜，把狗腿子的气质发挥到极致，非要把贾家伺候好了。

然而天下动荡，大佬自己都知道，谁都可能明天就死，你趋炎附势，又有什么用呢？

那年贾家倒台，新兴的势力派人来到大佬府上。

使者说："听说你身边美人很多啊。"

大佬哈哈大笑说："是很多，不过都是货物而已，你应该也听过，我请人喝酒，都让美人劝酒的，谁不喝，我就杀一个美人。"

使者看遍了美人，一笑说："不，我要的不是这些，我只要绿珠。"

大佬沉默下来。

绿珠在屏风的后面，瑟瑟发抖，她知道自己的男人从不把人命当命。

大佬想的却很多，从京城小官，到外地劫商，还有遇到嵇绍，与天子斗富……

这一路走来，能陪他的人越来越少，身边人，也只剩一个绿珠而已。

或许是热血上头，或许是这样的豪强也突然有真情在心。

大佬冷笑一声，酒杯摔在桌上，他瞪着使者说："滚吧，老子就是把命给你，也不会把绿珠交出去！"

所以，大佬就真的死了。

当然不是因为绿珠，而是因为满朝文武，都觊觎他家的钱财。

被抓走的前一刻，大佬还坐在家中饮酒，绿珠给他倒酒，他听见了外边的兵甲铿锵。

他说："绿珠，我是为你死的，这或许是我这辈子做的唯一像个汉子的事了。"

绿珠笑出泪来，她说："大人，我先走一步，在九泉之下候着大人。"

那一天，大火焚烧，绿珠跳楼。

那一天，大佬奔赴刑场，大笑三声，从容赴死。

大佬名叫石崇，他的事迹他的心事，很快淹没在魏晋浩浩洪流中了。

参考文献：

《晋书》房玄龄编，中华书局1996年版。

《世说新语》刘义庆著，沈海波译，中华书局2007年版。

七 【乱天下者，必此人也】

很小的时候，我就知道我自己长得很帅，我的哥哥夸我说："如瑶台琼树，自然是风尘外物。"

我去见我一个大叔的时候，叔叔啧啧称奇说："你妈怎么能生出你这么漂亮的孩子呢？"

你问我，我问谁去？

那天我告别大叔的时候天色很早，所以我不知道大叔在山上静默了很久，似乎是在回味与我见面的一幕幕。

星月高悬，松木萧萧，大叔突然叹了口气，唏嘘说："误天下苍生者，必此人也。"

只可惜这句话没有传到我的耳中，其实那会儿我年少轻狂，纵然传到我的耳中，我也不过嗤笑一声罢了。

我的名字叫王衍，从小就白皙如玉，气质非凡。我从来都很淡定，不卑不亢，还闭口不提名利。

这几乎成了我们家的家风，无论是那个夸奖我是风尘外物的哥哥，还是后来起兵造反了的王敦，他们都不在乎钱财。

只是我做得比他们更狠。

我连钱这个字都不说，即便我妻子把铜钱堆在我的床榻四周，不让我下床，我也不会说“钱”这个字。

我说：“把这些阿堵物搬走。”

什么钱不钱的，无非是一些堵路的垃圾罢了。

况且我还非常聪明，我想这就是上天赐给我的才能，我注定要在这个时代脱颖而出，成为举足轻重的大人物。

我指点江山，谈论天下大事，无论是什么样的人物在我眼前，我都能看出他们未来的道路。

那年月黑风高的夜里，我走在京城的街上，听到过一个异族的孩子正在仰天长啸。

那是一个奴隶，但我从没听过这样的声音，他的声音里潜藏着无边的沸腾烈火，一朝爆发出来，或许能毁灭这个世界。

我盯着他，说胡儿恐将为天下患。

这个十四岁的胡儿也定定地看着我，太康年间的目光一直延伸下去，我冥冥之中有预感，我还会与这个胡儿见面的。

我想起我十四岁的时候，我已经开始处理公文，无论是面对我的叔父，还是面对统帅三军的大帅，都是谈吐得体、从容淡定，还条理清晰。

朝廷里的大人物注意到我，还有外戚想把女儿嫁给我，我轻轻笑着，我王衍是何等人物，岂会去攀附权贵？

我装作发狂,推掉了这门亲事。

我的名声更大,连天子都注意到了我,他也想重用我,给我一个盛大的舞台。

天子去问我的哥哥说:“王衍此人,究竟怎么样?”

我哥哥告诉他,今人之中,无人能比,陛下若要寻一个相似的人,恐怕只能在古人里找了。

天子大喜,当即就要给我官职,让我施展抱负。

刚得到这个消息的时候,朋友们都笑着来恭喜我,我面不改色,继续我们的清谈辩论,我说刚才讲到哪儿了,不要为了这点小事打断它。

只不过当我听到天子是要我去往边疆,我沉吟起来。

我身负大才,边疆是生死之地,倘若我死在那里,还如何把我的学问传之后世?

我没有去边疆赴任。

举荐我的人说:“你不是……很擅长合纵连横的吗?”

我说:“其实相比于纵横之道,朝北冥而暮南海才是我的向往,治大国若烹小鲜更是我的追求,既然朝中还不明白究竟该把我放在什么位置上,我还是潜心治学吧。”

举荐者说:“可是……”

我说:“不必说了,功名利禄,不过过眼云烟而已。”

在接下来很长一段时间里,我绝口不提纵横之术,开始讲老子、庄子,开始跟人一起清谈玄辩。

当然也散尽家财，救济百姓，也有人反对我提倡玄学，我同样不介意，还说他们也都是人才。

他们影响不了我分毫，这个世道还是在我的影响下前行着。

毕竟我清谈玄辩的时候，手持白玉拂尘，手与白玉柄浑然一体，身如琉璃明镜，谈笑自若，旁若无人，谁都会觉得这才是读书人该有的风采。

纵然有的时候，我有些口误被人听出来了，那也没关系，一时激动而已，谁不能理解呢？

更何况我还经常提拔一些跟我玄辩的人物，我目光灼灼，识人特别准，满朝上下，谁会不服我王衍的名字呢？

人称“一世龙门”。

来见我的人，就相当于要来跃龙门，得到我的赏识，便可以转眼间名动天下。

那年天下开始渐渐蔓延起一股动荡的风，皇后要掌权，太子要被废，而我的女儿偏偏是太子的妃。

我闭门沉思了很久，最终写了封奏疏，请朝廷解除婚约。

没办法，我要让我的女儿活着。

很多人骂我，很多人要我永远不能出来当官，还要囚禁我，我的兄弟们散落四海，在动荡的天下中各自挣扎。

只有我，在京城里瑟瑟发抖。

我想我还活着，我还有几十年天下声望，我总有机会翻盘的。

我想得不错,当初我品评提拔了那么多人,终于有人来救我了。

八王之乱嘛,某次上台的王爷有一个心腹,我曾经对他有过旧恩,他救我出来,还向王爷求来了官职。

这就是机会。

或许你们想错了,认为这是一个可以重出江湖的机会,但不对,现在这年头这么乱,我一时片刻重出江湖,有什么意义吗?

这是一个拼命的机会。

这个王爷是篡位上来的,我要说我宁死也不能给他当官,所以我再一次装疯,杀了我府中的婢女,鲜血淋漓,一向从容的神情也带着癫狂。

我终于不用出去当官了,我也再一次给世人证明,我还是那个风姿非凡的名士。

而且有王爷的心腹在,有外边的乱兵在,我声望又高起来,王爷他还敢杀我不成?

王爷不敢,而且王爷很快就被诛杀了。

望着白云蓝天,我带着数十年人望,走出府邸,从此不再受任何人的摆布。

从那天起,我平步青云,从河南尹到中书令,又自尚书令升到三公。

残破的天下,无人能挡我的前途。

那年我位居宰相,有人劝我说:“眼下中原动荡,北方匈奴即将南下,你不好好整顿国家,有倾覆之忧。”

我轻轻一笑,我还有那么多兄弟,我已经布下了狡兔三窟之策,我的弟弟王澄、王敦,都已经在南方掌控兵权了,即便中原真的被破,我一样能活得自在。

那人说:“匈奴人未必跟你讲道理。”

我说:“匈奴人想在这片土地上立足,一样不敢杀我,与天下士族为敌。”

那人便不再说话了,黄沙扑面而来的时候,我心中闪过一丝惶恐,但很快我就从容下来,这么多年的名士生涯,即便我一开始是装的,现在也已经不再装了。

泰山崩于前而色不变,我想我可以做到。

我领兵击退过匈奴,甚至还卖掉了我的牛车,安定京城里的人心。

直至石勒率兵前来,天子又在此时去世,我见到石勒的军威,才明白这次是我无论如何都挡不住的。

人们劝我当三军统帅。

我摇着拂尘说:“我自小便无为官之志,与时浮沉,乃至于今,眼前乱世已至,像我这样才能不足者,不该当此大位。”

群臣哗然一片,军心动摇,我摆动拂尘的手停下来,突然想到我是不是做错了什么。

但显然已经来不及改正了,石勒很快率兵击溃了我们,我没想到,我竟然也有沦为阶下囚的一天。

荒原，北风，鲜血横流。

石勒点起了篝火，把包括我在内的贵族都叫了过来，我心中十分忐忑，我想凭我的名望，应该可以救我一命吧。

石勒低头玩着火，他知道我们的身份，但对这些不感兴趣，他感兴趣的是为何偌大的朝廷会走向灭亡。

我心头一跳，这是有野心的人哪，没有野心的人怎么会关心朝廷兴亡呢？

我站出来，仍旧是侃侃而谈，用上我玄辩的辞藻，无论是谁都会被我的言词所吸引。我说朝廷之所以灭亡，是因为贪婪，因为懈怠，因为八王之乱。

石勒笑了笑说："总之跟你们这些人是没有关系的，对吧？"

我停了一下，点头说："不错，我自少便不想为官，不曾干预世事，又能影响什么呢？"

石勒哈哈大笑说："君名盖四海，身居重任，少壮登朝，至于白首，何得言不豫世事邪！破坏天下，正是君罪！"

我心搏骤停，我也曾见过军阵，察觉得到一阵杀气扑面而来，篝火如被风摇。

我猛地抬起头说："将军，我知你心意，将军不如携大胜之威称帝，臣当鼎力相助。"

石勒笑了笑，他挥挥手说："宰了吧。"

我的心沉下去，鬼使神差地，我突然想起来很多年前见到的那个胡儿。

我背对着石勒，开口说：“太康九年，你是不是还在当奴隶，经过洛阳城下，仰天长啸？”

石勒面前的篝火跳动了一下，他抬手制止了手下人将我拖走的动作，他起身望着我：“那个说我将为天下患的大人物，原来是你。”

我深吸口气，一笑说：“原来是你。”

石勒说：“既然如此，不能用刀兵杀你了，你是贵人，等你夜半梦中再杀你吧。”

我笑了笑说：“多谢。”

那一夜，我面对着旷野上的风，面对着覆灭的天下与曾经在洛阳城门长啸的少年，终于明白了一件事。

“吾曹虽不如古人，向若不祖尚浮虚，戮力以匡天下，犹可不至今日。”

事到如今，说什么都晚了。

就让这一夜的晚风，带走我一世无意义的浮华吧。

参考文献：

《晋书》房玄龄编，中华书局1996年版。

《世说新语》刘义庆著，沈海波译，中华书局2007年版。

第四部分　时代夹缝中的痛苦者

前几天胡思乱想，觉得这个世界从来都是我们的敌人，无论什么时间、什么位置。

那些年少时候的梦啊，黑夜里的声音那么大。

那些固执认可的道路，太阳下还茁壮成长着。

后来这个世界通过各种各样的关卡和 boss 告诉我们，梦这种东西随便做做就行了，也不存在许多无愧无悔的人生。

你总要放弃梦想，背离良知。

我们向这个世界投降的，有的人从来就没想战斗过，有的人放下了武器。

至于原因，有的因为爱情，有的为了活着。

比如历史上耀眼的男团“竹林七贤”，他们都曾想对抗那个世界，那个垄断的、污浊的，没有太多良心可守的世界。

其中的王戎放下了武器。

还会在暗夜里跟媳妇偷偷数钱，一副吝啬鬼财迷样，丝毫不像竹林中人。

但他跟他媳妇的故事，有一则流传至今，成了秀恩爱的形容词。

叫卿卿我我。

没办法，谁让爱上了一个人，这对抗世界的勇气就都变成岁月静好了呢？

这也好得很，不像向秀，就是那个曾经跟嵇康一起打铁的汉子。

他也写过文章，鼓吹人活长生没什么用，纵情声色才快活，恶狠狠批判封建礼教。

钟会浩浩荡荡带人来寻，他跟嵇康理都不理，虽然他是个配角，但还是一样的拽。

可是嵇康死了，那个一直对抗世界的人死了。

司马昭把向秀叫到洛阳，要给他官做。还问他："你是高人隐者，怎么如今出来了？"

向秀沉吟半晌，拱手说："隐士并不令人羡慕，他们都不懂尧舜求贤若渴，又有什么可自傲的呢？"

司马昭哈哈大笑。

向秀的面庞隐在大殿的阴影下，他发现这种话一旦说出口，竟然会有难得的轻松。

是啊，不必跟这个世界怼了，能不轻松吗？

仿佛我们就注定失败，不失败就会死，那些曾经的坚持都变成了玩笑。

其实我又有什么资格谈竹林七贤呢？即便对抗世界失败了，是啊，他们至少挣扎过。而谁会不失败呢？他们活下来的人里也都收获了丰富的人生。

而我这种家伙，在遥望未来只有一片茫然之海的时候，回首过去年少轻狂全然无惧的模样，就会突然的悲从中来。

我们还能找回勇气吗？

我们还敢面对这个世界吗？

会不会从此龟缩在大地的一角了此残生？

岁月何茫茫，道阻路且长。

劝君一壶酒，江湖遥相望。

那年我爹还活着，我是家里的庶出的小儿子，但天资聪颖，偷酒读书，都能让我爹喜欢。

五岁那年，我爹去世了

那个时候我忽然发现，从前围在我身边的大人变少了，玩伴或许是受家里影响，也开始若有若无的疏远我。

我慢慢明白，我是一个什么样的地位。

后来我读书练字，薄有声名，我还擅长模仿他人笔迹，学谁像谁。

有次我模仿阮籍的笔迹，写下一篇文章，名士清流们看到说："这文章字字生义，简直是天赐妙笔。"

我淡淡对那些人说："其实这是我写的。"

名士们沉默了一下，相视一笑，打着哈哈："哎呀，我说这怎么字里行间有点生涩，问题还有很多嘛。"

我冷冷看着他们，转身离去。

阮籍说得没错，这年头时无英雄，竖子成名。

很多年后，我被人称作王佐之才，其实想当王佐之才很简单,只要你放下清高与风骨,看谁想买你的才华,你卖给他便是。

反正时无英雄,我只想一步步走向高处,翻云覆雨,执掌天下。

我把才华卖给了司马师,二十余年如一梦,我听够了人们对我才华的颂扬,他们颂扬我的才华,又鄙视我谋求功利的生活。

而他们其中大部分人,只不过是因为嫉妒。

我不在意这群废物,有司马师看重我的才华,还认同我的生活,这就够了。

只是在这个世道里,仍旧有些人尚未丢掉清高与风骨,他们如松下风,如云中月,有时我心潮澎湃,会极其想得到他们的认同。

我知道,他们才是这个世道里的英雄,比如夏侯玄,比如嵇康、阮籍。

可惜这样的英雄,注定不会与我为伍,我想结交夏侯玄,被他拒绝了。很多年以后,夏侯玄被卷入刺杀司马师的叛乱中,入狱问罪。

我去狱中找他,他该知道这时候只有我能救他。

我问他,我们之间还能不能做朋友?

夏侯玄冷冷一笑,像极了当年我模仿阮籍文字后,对那群所谓名士的冷笑。

我的心缓缓沉下去,再往下便是幽暗的深渊。

那年司马家在议论该不该杀夏侯玄，我沉默很久，缓缓吐出两个字：该杀。

夏侯玄直到死的那天，仍旧从容自若，骄傲的像天上的太阳，他在告别从前的时代，以风骨清正，以至死不屈。

我攥紧了拳，看他的鲜血染红了天。

其实这种事情我不止干过一次，在我年轻的时候，我还写过一本书，我想让嵇康看看，我想他或许会因为我的才华而欣赏我。

但我怕，我怕他看都不看就把书给扔出来，还怕他像夏侯玄一样冷笑。

我偷偷把书丢进他家的庭院，四下无人，我扭头就走。

所以我不知道嵇康到底对我那本书有什么看法，我再见嵇康的时候，他一句话都没有说。

无论我以什么样的身份，什么样的排场去见嵇康，他始终都一言不发。

甚至我代表司马家去征召他，背后跟着洋洋洒洒的门客，他只端坐树下打铁，连头都不抬。

那一刹那，我只觉得寂寥，身后没有数十门客，只有无边的苍茫与空旷。

而我面前的嵇康，他身后站着雄才大略的魏武帝，站着一世留香的荀令君，站着许许多多我这一辈子都比不上的人。

嵇康是旧时代的追悼者，而我是新时代的开启者。

新时代有什么,有门阀奢靡,有富贵如烟云,有的是宵小跳梁,尽欢散场。

再也没有大一统的豪情,再也没有不屈不挠的热血,那天我强撑着自己,转身告别嵇康,我对自己说,那些旧时代的追悼者,我一个个都要杀掉。

不然我活在世上,翻云覆雨,也只像个笑话。

后来嵇康论罪,又是我提议杀他。

彼时我二十出头,用一封假书信离间东吴大将,算无遗策,每战必胜,古往今来都没有几人在我这个年纪便位极人臣。

我终于站上山巅,山巅只有无尽的空虚与寂寥,我想我快到尽欢而散的时候了。

我提议伐蜀,大军压至汉中,一路高歌猛进,却被姜维拦在剑阁。姜维仿佛不是这个末世的人物,他师承诸葛亮,一次次不屈不挠的北伐中原。

这大概是我遇见的,最后一个英雄,他注定也会死在我的手下。

只是我没想到,邓艾竟然走阴平小道,偷袭成都得手,蜀汉的刘禅未做抵抗便降了。

我笑了笑,这世道当真都是竖子。

只是我没有想到, 姜维竟然也降了, 姜维说:“若是邓艾在此,或者任何一个人物在此,我都不会投降,但你钟会不同,你是一颗流星,这个时代没人比你更闪耀。”

那一刻,没人能比我更激动。

我终于得到了旧时代的认同,我揽住姜维的肩,泪水几乎夺眶而出,我说你怎么来得这么晚,你怎么来得这么迟!

六十二岁的姜维摇摇头说:“我来得还是早,我本还想再领兵与你抗争一番的。”

我深吸口气,笑了,这才是英雄,这才是配与我高歌饮酒的人!远在成都的邓艾不配,他进城之后只知修筑高台,夸耀功绩;北方的司马昭也不配,阴毒狡诈,把所有人都只当成工具。

那些天,我与姜维出则同车,秉烛夜谈,我从来没有这么畅快过。

姜维很了解我,他知道我想尽欢而散,我发现他经常劝我,不要把天下让给我看不起的人。

他是想让我反了司马昭。

夜深的时候,我会想姜维为什么要这样劝我,他是不是想趁乱复国,他这些日子对我的情义是否都是假的?

我没敢问他,我怕他骗我,我更怕他不骗我。

我只是大笑着说:“对啊,我怎么能把天下让给我看不起的人呢!”

我看到姜维很开心,擦拭着他的刀剑,那双眸子像有星辰落入。我很想问他,你为什么这样激动?你有没有想过,万一兵败之后又会如何?

姜维抬头看过我一眼,夜风吹动他苍白的须发,他笑了一笑。

我便知道了他的回答。

无非是竭尽全力罢了,力战而死罢了,那时我会与他倒在一起,岂不痛快?

于是我离间邓艾与司马昭,派人杀了邓艾,又领兵北伐,要直取长安,这是我最后一次的落幕表演,我却表演得不太精彩。

起兵未免仓促了些,我没能掌控全军,兵败被杀了。

但我隐约知道,这场表演的主角并不是我,而是姜维,他代表着旧时代,借我的手做了落幕大戏,慷慨激昂,百折不挠。

我临死才发现,原来能在这场戏里当一个配角,比站上山巅,要开心得多。

参考文献:

《三国志》陈寿、裴松之,中华书局2006年版。

《世说新语》刘义庆著,沈海波译,中华书局2007年版。

《华阳国志》常璩著,齐鲁书社2010年版。

从前有个书生，家境一般，但是悟性特别高，像《庄子》这种书竟然都能看得懂。

还不是一般的懂，而是超脱当世所有人的懂。

这就了不得，男人又穷又丑没关系，最重要就是有才华，更何况这书生还这么有才华，就像是唏嘘的胡楂儿，沧桑的目光，无论走到哪儿都会引人注目。

所以书生某次在乡里讲学的时候，就遇到了另一位隐居的大佬。

这个剧情就很有小说风范，大佬十分赏识书生，顺手就把书生带进了他的圈子里。

而这个圈子里，个个都是人才，且都是惊世的人才。

比如有的人，随便醉倒在隔壁家妹子的腿上，又比如有的人，喝完大酒就裸奔。

书生眨眨眼，一脸茫然。

这会儿有个特别高，特别帅，落落朗朗如千丈松的汉子笑着走来，举起酒壶，说："朋友，喝酒吗？"

书生愣了一下，随即笑道："能喝，酒量不好，喝得不多。"

汉子只是笑，说："无妨，能喝就行，接着！"

那口酒入喉的一瞬间，四周的竹叶芬芳都汇聚在口腹之中，不知为何，自幼习惯独来独往独自钻研的书生，忽然就感觉自己本就该属于这里。

固然自己喝酒不多，但每次在竹林酒肆边看着他们把酒当歌，四海八荒闲扯一番，也别有一番趣味。更不必说这里个个都是人才，随时都可能辩论起来。

比如书生那年想写《庄子》注，只是这年头还没有这方面的权威，谁冒头，谁就容易成为学术界的众矢之的。

特别帅的那个汉子过来劝他说："你可要想好了。"

书生随手就把已经写好的书稿扔给他了。

汉子一头雾水。

汉子只能说牛。

经过汉子鉴定，书生注的《庄子》一定引不起多少争议，但凡有些才华的，都会被书生折服。

书生摆摆手："低调低调，都是基本操作。"

遂换来一堆白眼，只剩下竹林里哈哈的大笑声。

只可惜人总是要长大的，即便你不想长大，岁月来催，江湖来斩，你总要低头。

那些年里，书生也开始放浪形骸，什么读书人的高贵早被他抛诸脑后，天天跟着他们小圈子里特别帅的汉子打铁。

他鼓风箱，汉子就啪啪落锤。

这日他们正在打铁，对面浩浩荡荡来了一群人，那些人趾高气扬，只剩为首的贵公子目光中还带着好些个敬佩。

书生很奇怪，这些一看就是豪门的子弟来这里干吗？

书生试探地问："来买铁的？"

对面无语。

对面说："我们是想来跟你们谈谈，毕竟你才名远扬，始终不愿为我朝出力……"

汉子说："哦，这是来逼我出山的。来，诸君往回看，你们从何处来，便往何处去吧。"

话音未落，所有人瞠目结舌。

见过不想当官的，但没见过不仅不想当官，还直接赶人的。

始终在旁鼓风的书生也惊呆了，他想我到底是加入了什么诡异的组织，不过他的心里也有种莫名的振奋，他也从心底里看不起朝廷权贵啊。

书生鼓着风，同样旁若无人，很是张狂。

书生很是佩服汉子，后来汉子喝酒时咧嘴一笑，说："其实我早已做好了赴死的准备，一个人不想活了，自然便无所畏惧。"

书生倒吸一口凉气，他这时才意识到问题的严重性。

之前书生与汉子也有过学术交流、辩论，汉子写过一篇关于养生的文，书生觉得养生这种玩意儿不靠谱，纵情声色才是痛快活法。

如今汉子笑着告诉他:“这世道又岂容你纵情声色呢?”

甚至连养生也做不到了,世道的大潮逼过来,你不退就只能死。

不久以后,汉子被人诬陷,昂然赴死,刑场一曲广陵散,永远响起在读书人的心头。

司马昭把书生叫到洛阳,要给他官做。这个套路书生很熟悉,他要是不做官,他也得死。

书生接受了朝廷的官职。

司马昭笑得开心说:“从前你不是隐居山林吗?学高人隐者,怎么如今出来了?”

这个套路书生也熟,回答不好,过段时间就随便找个理由捏死他。

书生沉吟半晌,拱手说:“隐士之所以隐居,是因为不懂尧帝这样的人物,有多么求贤若渴。”

司马昭哈哈大笑。

书生就在这大笑声里面无表情,他发现这种话一旦说出口,竟然会有难得的轻松。

曾经对抗世界的团体终于还是全部瓦解了,书生驾车从洛阳回乡,又路过了从前他们常在一起喝酒的酒肆。

只可惜一切都已经回不去了。

书生洒泪泼墨,写赋:嵇博综技艺,于丝竹特妙。临当就命,顾视日影,索琴而弹之。余逝将西迈,经其旧庐。于时日薄虞渊,寒冰凄然。邻人有吹笛者，发音嘹亮。追思曩昔游宴之好，感音而叹，故作赋云：

…………

瞻旷野之萧条兮，息余驾乎城隅。
践二子之遗迹兮，历穷巷之空庐。
叹黍离之愍周兮，悲麦秀于殷墟。
惟古昔以怀今兮，心徘徊以踌躇。
栋宇存而弗毁兮，形神逝其焉如。
昔李斯之受罪兮，叹黄犬而长吟。
悼嵇生之永辞兮，顾日影而弹琴。
托运遇于领会兮，寄余命于寸阴。
听鸣笛之慷慨兮，妙声绝而复寻。
停驾言其将迈兮，遂援翰而写心。

那年死去的汉子正是嵇康，而书生便是同为竹林七贤的向秀。

参考文献：

《晋书》房玄龄编，中华书局1996年版。

《世说新语》刘义庆著，沈海波译，中华书局2007年版。

从前有个书生，三岁丧父，便家境贫寒，早早见识了人情冷暖。

倘若是个迟钝的孩子也还好，然则这书生自小就特别聪明，外界的每一道目光他都能看破背后的意思。

这个世界如同一个牢笼，越来越多的追名逐利，越来越多的奢靡浮华，很快充斥在小书生的耳目之中。

年仅八岁的小书生却不为所动，丝毫没有就此觉得钱是个多好的东西，反而大大弹琴长啸，觉得世界没救了，偶尔沉郁过头，就开始去写文章。

八岁的书生睡不着，在窗户的缝隙里看到漫天星辰，那时的他还攥紧了小拳头，信誓旦旦地说："我一定会改变世界的！"

那天书生找到叔父，书生的语调很是激昂，他说："我要学剑。"

仗剑行侠，他要荡平妖氛。

只可惜凭一把剑是改变不了这个世界的，书生驾车漫游，终于有一天面前无路可走，或许是大河前陈，或许是高山阻路，或许是千丈悬崖。

书生突然放声大哭，他的少年时代，就这样结束了。

回头路过楚汉古战场时，风烟萧瑟，满目荒凉，书生悲慨道："时无英雄，以至竖子成名！"

这便是一个时无英雄竖子成名的时代，书生开始学会用青白眼，白眼对待世间竖子，偶尔有几个能跳脱世外的，才能得他青眼。

比如母亲葬礼上，对着守礼的嵇喜翻白眼，待到嵇康拿酒携琴而来，便青眼有加。

哥哥很无语："你这什么操作。"

类似的操作还有很多，比如去喝酒时喝醉了，随便就躺在老板娘的腿上。

老板还笑呵呵看着，毫不在意别人瞅他像是瞅草原的目光。

老板说："你们不懂，像书生这样的人又岂会做无耻之事呢？"

只不过是肆意不羁，爱美重情罢了。

的确如此呀，那年有貌美的姑娘未及嫁人便死去了，或许在某个薄雾笼罩的清晨书生曾与姑娘有一面之缘，又或许连一面之缘也没有。

书生也不认识姑娘家里的人，径直就去吊丧，哭得痛惜万分，哭完径直离去。

满堂宾客一头雾水。

什么男女授受不亲,什么分寸感与约定俗成的规矩,通通都融化在书生的酒里。

终于在某次书生亲自去送嫂子回娘家时,有人看不惯了,说你这样不合礼法啊。

书生笑了笑,他说:“礼法岂为我辈设哉？”

万千风骨,都在这一句话里了。

只是又有几人能真的跳脱世外呢?

纵然是书生自己,也没办法彻底以酒远避尘世之外,那年他被征召为官,亲自去洛阳给朋友送信,说我实在无意于此。

结果朝廷以为他都来洛阳了，所谓的无意于此不过是在抬高身价。

朝廷兴冲冲地去找书生，书生的朋友一脸无奈说:“他就是这样的人,他来京城是兴起而已,现在已经回去了。”

朝廷一头雾水。

什么玩意儿啊,不按套路出牌啊,没见过这样的人啊,现在多丢脸啊。

朝廷的人不愿意自己丢脸,就迁怒书生的朋友。

书生无语。

书生能有什么办法，听说了这种事当然就只能跑过去当几天官,随后再默默辞官。

只可惜到了后来,司马家看重书生的名望,连辞官归隐都做不到了。

书生的朋友为了远超世外，就真的走下黄泉，而书生消沉在酒里，闭口不谈政事，希望自己还能在污浊的世道里独善其身。

即便司马家想与书生联姻，书生都能大醉六十天，硬生生把这事给拖黄了。

只是这世道又会放过谁呢？

躲得过一时片刻，躲不过大势汹汹。

司马昭之心，路人皆知，当他被封晋公之后就开始鼓动大臣写《劝进表》了。

书生还在饮酒，青白眼望向苍天，寄希望能找到一条出路。

很快，司马昭的使者到了，他明白地告诉书生，这世上是没有出路的，要么滚落尘埃，谁也别看不起谁，要么你就和你的家人全都去死好了。

书生一身酒气熏天，他想提起少年时的剑杀了使者，却最终提起了笔。

随便涂鸦，写完了《劝进表》。

一两个月后，生无可恋的书生便与世长辞了。

这位书生当然就是穷途之哭，阮籍，阮步兵。

平生少年时，轻薄好弦歌……娱乐未终极，白日忽蹉跎啊。

参考文献：

《晋书》房玄龄编，中华书局1996年版。

第五部分　沉默的耕耘者

从前有个驸马，年轻那会儿不得重用，天天窝在家里读书。读书究竟有什么用呢，我们看看这位驸马就知道了。

基本操作，驸马首先读成了一代大儒，注解过《左传》，至今仍有极高的学术价值。

那会儿估计驸马什么书都读，顺便也钻研了一下法学，后来给朝廷制定法律，几百年之后的名臣都心悦诚服。

至于闲暇时间，驸马还看了点儿天文，取代此前一直通行的历法，无数农人因此受益。

其他的什么财政啊，经济学啊，后来驸马终于被重用，还当过度支尚书，那自然是不能不读经济。

史称：排新器，兴常平仓，定谷价，较盐运，制课调，内以利国，外以救边。

统筹全国，举重若轻。

那年驸马又发现河流湍急，得修座桥。百官都说这地儿险峻，历代却都不修桥，怕是这里根本就不能修。

驸马:“哦,我记得我好像看过点儿建筑学的书。”

百官一头雾水。

遂有桥梁建成,帝及百官皆登桥恭贺:牛,牛,社会社会。

很多年后,驸马在荆州还搞过水利工程,搞到当地百姓都把他当爹。

偶尔空闲下来,驸马还搞点儿发明创造,把汉朝时就已经失传的物件,又搞了出来。

驸马还随手搞了搞文献学的东西,我有个读研的朋友,前两天刚在教材里看见他的名字。

然而,然而这只是个开始。

这位驸马真正名扬天下,彪炳史册的功绩,是沙场用兵。

那年天下已定三分之二,剩下江东未平。

驸马在朝的时候,就力主平定江东,前任统帅病逝之后,驸马受命上任。

刚刚上任,就开始搞事。

驸马上来招呼都不打,挥手就派人偷袭。江东还以为他怎么也要熟悉下军务,毫无防备,幸好江东前线的主帅也算名将,硬扛驸马一波,只落得一场小败。

这位江东名将松了口气,心想这种小败,没必要上报,敌人这么沉不住气,很快就能找到破绽赢回来,到时候一起给主公汇报吧。

驸马笑了笑,讳莫如深。

驸马放走俘虏说:“你们去江东的都城吧，告诉你们主公这场败仗。”

驸马知道,江东主公猜忌多疑,必会大怒,大怒之后,就是罢免江东的前线名将。

名将这才明白,原来战场的胜负从来都在战场外。

可惜他已经没有翻盘的机会了,驸马趁江东临敌换将,军心不稳的时候,三次上疏朝廷,斩钉截铁,定要完成一统之战。

朝廷里虽然也有阻力,但还是没扛住驸马接连三次上书,准了。

驸马遂长驱直入,大举进攻江东。

那一战中,驸马围困江陵,又派人沿江攻取其他城池。而江东的都督人在乐乡,驸马却只派了八百人。

这八百人趁夜举火,虚张声势。江东城中以为大军来犯,又刚刚落败,不敢出战,只能召回部队。

千里之外,月明星稀,驸马抬头看看天,在大营一笑,心想:此时兄弟们在乐乡,想必已经得手了吧。

八百人里,除了虚张声势的部分,还有人马扮作江东士卒,藏身城池之外。

这些人就等着江东部队被召回,他们趁机混进人群之中,潜入乐乡。

江东都督正焦头烂额,迫不及待想问问城外部队,如今境况如何。

结果就有人猝然拔刀,刀光掩映里,都督似乎看到了驸马的笑。

遂生擒江东都督，一统荆州。

此后兵临江东都城之下，更是驸马力主强攻，这才逼着江东投降。

这位十项全能的驸马，名叫杜预，这场战事便是三国归晋，灭吴之战。

读书有什么用，提笔安天下，上马定乾坤。

哦不对，他上不了马，杜预是个文弱书生，马术、箭术都一塌糊涂，只不过是多读了几本书而已。

那是三国时代沉沦前的辉煌，灭吴之后，晋朝的王公们便沉迷酒色，迎接死亡。

门阀和贵族垄断天下，六朝旧事，皆是门户私计。英雄拔剑，还天下一统的壮志开始成为笑谈，赤血丹心，仁义礼智开始成为祭品。

日暮的余晖里，杜预看得见衣冠沦丧。

所以只有他还枕戈待旦，向虎视眈眈的异族亮出刀剑，告诉他们中原英雄不死。

可惜他毕竟老了，六十三岁那年，这位读书人溘然长逝，不用担心寂寞，很快会有整个时代的人去为你陪葬。

参考文献：

《晋书》房玄龄编，中华书局1996年版。

从前有个书生，对，又是个书生，对，还是那个剧本，非把书生放在前线。

只是这次不同，书生军事天赋真的一般，兵者诡道也，他不行，辛弃疾那种文武双全，他更是不行。

就会种田。

刚上任那会儿，书生沉迷种田，开办学校，闲来无事还去钓鱼。

属下无语。

属下说："您是大将啊，能不能干点正事？就是不干也别到处溜达啊，万一阵亡了呢？您若是执意出去钓鱼，就拿在下的命当鱼饵吧！"

书生尴尬地咳了两声说："好好好，不去了，再也不去了好吧。"

当然书生还是有些智略，懂政治，能设计让敌国罢免了对面城守。

之后把省下来的巡逻人手再派去种田。

属下很是无语。

反正打仗虽然一般，但种田是一把好手，书生刚到任的时候,军中无百日之粮,几年后,军粮可用十年。

奈何时势不等人,那年碰到对面有人献城投降,朝廷决定趁机打一波,讨点便宜。

书生领兵就去了。

然而敌国也知道这次生死一线,派来了名将统帅三军,且大力放权。

名将就是名将,断路,围援,反手就把叛军斩了,还顺便夺回了城池。

书生开始无语。

书生想:啊,这得死多少人哪。

朝廷贬了书生的官,但还是给书生机会,让他在边关好好用兵。

理论上来讲,这样的一个书生放在这样的位置,很容易被对面名将啃下几口肉来。

后来我才发现,仗还有其他的打法。

书生用了一种让对面特别难受的打法。

不打。

书生选择成为基建狂魔，疯狂建城，一点点蚕食肥沃的土地,然后继续种田。

偶尔出兵也不打仗,就是抢粮食,就是种田。

完事还给敌国赔偿,赔以等价的丝帛。

百姓惊呆了。

那敌国百姓也不能说什么，敌军也没工夫驻守那么多的田地，只能憋气。

书生说："啊，没事没事，兄弟们别气，你看气着就不好了嘛，实在不行我们约个地方打一仗。"

于是约战，时间地点人物一个不缺。

敌军一头雾水。

还有这么打仗的？

那就打呗，打个互有胜负，打个有来有回，反正谁也抢不走谁的地盘。

平常有什么俘虏，书生也会和善地问他们家人，问他们日常，最后叹口气，说都不容易，你们收拾下回家吧。

俘虏也一头雾水。

属下无语。

"不是，将军你不能这么玩啊，你不会秀操作让我们来啊！"

书生说："哦？那我们边喝边聊！"

属下痛哭流涕，还以为书生终于开窍了，结果书生酒量特别大，把他给灌醉了。

以后无论谁提兵者诡道之类的事，都这样，都被书生灌得大醉。

属下欲哭无泪。

日子久了，人们才发现敌国好像粮食不够了，人马不齐心了，常常打完一仗，俘虏还赖着不走了。

哦，这叫投降了。

还有带着大部队偷偷来降的。

书生笑呵呵的，说："没事没事，大家都熟，来了就是一家人嘛。"

那些年里，两国边境上提起书生的名字，无论敌友都会尊称一声"羊公"。

即便是对面的名将，也不由感慨："羊公德量，与诸葛孔明有一拼。"

毕竟连名将的命，都是书生救的。

那年名将重病，书生赶快让人送来了药，一群人心惊胆战，都劝名将不能吃。

这书生用的是阳谋，攻心为上，说到底都是装，还是图谋我们的江山，如今他有机会杀你，定不会再放过。

名将笑了笑说："书生不是这样的人。"

饮药痊愈。一时传为美谈。

其实这事说出来，书生的身份大家也该清楚了，正是西晋名将羊祜，不会打仗没关系，还可以不战而屈人之兵。

而名将，正是陆逊的儿子陆抗。

那年陆抗还是先一步离世了，西晋在各处边境都被胡人侵犯。羊祜提议灭吴，他说天下只要定了，四方便不敢闹了。

然而除了学霸杜预，学霸张华表示肯定，其他人都觉得没戏。

彼时的羊祜也老了，他长长叹了口气："天下不如意恒十居七八。"

于是回朝，开始做些提拔人才的事情，做好事还不留名，让那些年轻人都以为是自己才华出众自然升迁的。

直到如今都不清楚他到底举荐了哪些人。

羊老晚年，风和日丽时常登岘山，饮酒赋诗，终日不倦。

曾慨然叹息："自有宇宙，便有此山。由来贤达胜士登此远望，如我与卿者多矣。皆湮灭无闻，使人悲伤，如百岁后有知，魂魄尤应登此也。"

这番话让人想到他的一个传说，他小时曾对乳母要过一对金环。乳母很奇怪，说家里没有啊。

后来发现，金环在隔壁邻居家，那是隔壁家儿子的随身物品。

而隔壁家儿子已经死了，不该有人知道金环。

传言说，羊祜正是隔壁子的转世。

或许前一世的羊祜就是曾登岘山的无名魂魄，有诸多的遗憾，这一世位极人臣，同样在岘山碑前再度落泪了。

几年后，羊祜举荐杜预代替自己，与世长辞。后来正是杜预主持了灭吴之战，羊祜泉下有知，也应欣慰。

这就是羊祜，一个重生之位极人臣的故事。

没有那么多杀伐果断，没有那么多志在必得，原来德冠四海，也是一种活法。

参考文献：

《晋书》房玄龄编，中华书局1996年版。

从前三国两晋的时候，东吴有个将军，平日里沉默寡言，三棍子都敲不出个屁来。

那年东吴灭亡，晋朝的官员来东吴饮酒设宴。

官员喝嗨了，有点儿飘，得意扬扬道："在座个个是江东子弟，如今你们的国家都完蛋了，是不是还挺悲苦啊？"

东吴诸君不好怼他，只有脸上笑嘻嘻，心里咒骂他。

不料将军突然道："汉末三国，魏亡于前，吴灭于后，亡国之悲，岂独一地有之！"

这还喝什么酒啊，骂人不揭短你不知道吗？

将军这么皮，就引起了朝廷的关注，兵权当然不会再有，朝廷把将军改派太守，去当文官。

将军无所谓，将军既来之则安之，去往什么地方便造福一方百姓。

将军做的那些事情，与正常的青天大老爷差不多，无非是移风易俗，无非是把几十年积攒的案子都给办了，还乡里称颂，显然没错判多少件。

顺便在边境安抚羌人，民族大团结，都是很普通的操作。

那既然这么普通，那朝廷当然要重用。

遂被调入中央。

将军官居御史中丞，日常工作就是怼人。

当然操作一样很普通，就是朝野上下都在吟诗作赋混日子的时候，这位将军逮谁都敢骂。

比如有位梁王，王爷犯法自然没人敢说，所谓人人皆知，人人不言。

人人不言，将军独言之。

一波揭发，穷追猛打，朝廷就勉强还是处置了梁王。

梁王遂怀恨在心。

不久后有个叫齐万年的氐人作乱，朝廷令梁王和其他权贵领兵，而将军从属其中。

这就十分危险。

有朋友劝将军说："要不别去了，怕是会死。你还有老母在家，可以把这个当借口，推辞掉这个任务。"

将军叹气道："既然在朝为官，忠孝岂能两全？有叛匪作乱，涂炭生灵，我岂能不去？不必说此行还有生还之机，就是真的战死沙场，那也是我职责所在。"

朋友还能说什么，朋友只能敬他杯酒说："你真是傻。"

然后跑到朝中，上书力争说："不能派将军过去，将帅不和，这是要出大事的！”

而朝廷不听。

朋友颓然坐倒在地，将军反而笑着安慰他说：“没事，人固有一死尔。”

遂悲歌慷慨，头也不回地离京而去。

叛匪头子齐万年，早些时候听说过将军的大名，将军搞民族大团结的时候，恩威并施，文武双全，齐万年很是忌惮。

不过听说将军受制于人，忍不住仰天长笑。

那年，天下人都知道将军要死了。

将军有时会回想起自己年轻的日子，如果自己还是当年的恶少，想必趋吉避凶，不会有如今的境地。

那会儿将军仗着自己武功高，横行乡里，飞鹰走犬，还调戏良家姑娘，踏苗驰骋打猎。

全乡之人，敢怒而不敢言。

将军觉着乡里气氛不太对，问同乡说这是怎么了，乡里人告诉他，因为有三害为祸，乡人无论如何都高兴不起来。

将军一撸袖子说：“什么玩意儿？三害是什么狗东西，你告诉我我把它给办了！”

同乡只告诉他两害，乃是山中食人之虎，桥下袭船之蛟。

将军遂去射杀猛虎，入水搏杀蛟龙。

杀蛟龙时比较费劲，足足打了三天，将军成功后蓬头垢面回到乡里，发现父老都在庆贺。

他问人家，这是在庆贺什么，父老没认出他，说三害已除，自然可喜可贺！

将军一怔说："不是才除了两害吗？山中猛虎，桥下蛟龙，还有什么？"

父老说："还有乡中的恶少周处，乃是三害之首。"

将军悚然动容，原来第三害就是自己。

这位将军正是周处，他找到陆逊的孙子陆云，说自己想痛改前非，折节读书，只怕是为时已晚，没有机会了。

陆云笑了笑说："闻过则改，何时都不会晚。"

遂折节读书，著有《默语》，还曾经撰过《吴书》，心怀天下，忠恕之道存于胸间。

浮云今日，流水前身，在几十年后的沙场上，将军记起从前，忍不住笑了笑。

那天，周处接到命令，要孤军深入去作战。

周处据理力争说："这是白白送死，我一死不足惜，但为贼所笑，成为国耻，则我宁死不为。"

梁王无奈，重新安排战事，几路人马出战，与敌主力拼杀，又令周处率兵阻挡援军。

但私下断了周处军粮。

那时敌军已至，天色莽苍，周处和将士都还饿着肚子，军粮久候不至。

周处叹口气说："原来今日便是我的死期，连累诸位兄弟了。"

遂振衣而起说:“愿随我报国者,上马冲阵!”

周处没有再向后看,提枪上马,笔直得向敌军冲去。须臾,他听见身后马蹄阵阵,踢踏而来,那是他的兄弟,嗷嗷叫着要与他同死。

周处满含热泪,大吼一声跃马出枪!

那天从早到晚,日落西山,周处带着一群弟兄赴死冲杀,斩首万余。

奈何长枪折毁,弓断箭绝,援军背信弃义,久久不至。有兄弟劝周处说:“将军不如我们走吧,我们对得起朝廷了!”

周处满脸血污,缓缓拔出剑来说:“且不说其他战场境况如何,我军退却是否会有一场大败。便是如今诸军背信,军心也势必会低落。我为国之大臣,能以死激愤军心,使哀军必胜,那以身殉国,不亦可乎!”

那天周处战死沙场,重创叛军,一年后朝廷平叛,得来了片刻的安宁。

历史记得那一幕,那天的战场上,左右兄弟相顾无言,周处剑光一扬,如星辰坠落,他扬声大笑着,在日落黄昏,时无英雄的世道里,定格成永远的传说。

参考文献:

《晋书》房玄龄编,中华书局1996年版。

魏晋时期有个书生，跟他媳妇在日常生活里，很像我们这样的穷人。

比如他侄子结婚，书生就跟媳妇商量说："我们是不是该送点什么？"

媳妇歪头说："哎呀，好麻烦啊，不如就送他件衣服意思意思吧。"

书生很严肃，点头说："好，等他结完婚，我还可以去他家把衣服要回来。"

媳妇一头雾水。

媳妇："咳咳，卿卿，不至于吧？"

书生摇头说："不行不行，那可是一件衣服呢，能多卖好几个钱了！"

媳妇无语。

又比如，那年家里的李子熟了，他们准备去卖李子，但附近只有他家的李子好吃。

书生就担心买家得了他的种子，再种出来抢他生意。

遂把李子的核都钻破了。

媳妇很无语，问他：“这还卖得出去吗？”

这些小金额的都这么抠，更不用说嫁女儿陪嫁几万块钱的事情了。

书生直到夫家送钱回来之前，就一直没给过好脸看。

媳妇实在看不下去了，说：“卿卿，这是不是太过分了一点儿？”

书生板起脸来说：“过分吗？你得看看我们现在有多少钱啊！”

于是连夜点烛，两人开始算钱。

算了一晚上，没算完。

巨宅田产，洛中首富，这两人一晚上怕是算不完的。

所以这根本不是个穷人的故事，只有你我，对没错，写书的我和正在看书的你才是穷人。

所以媳妇就更无奈说：“卿卿，我们有必要吗？”

书生也很无奈说：“你能不能别总是卿卿，卿卿的叫我，卿是夫君叫娘子的，你这么叫我，出去我很没面子的。”

媳妇一噘嘴说：“亲卿爱卿，才这样叫你，我不叫你卿卿，你想让谁叫你卿卿？”

媳妇：“你说！你是不是外边有人了！”

书生觉得真是神逻辑。

书生很明显说不过媳妇的神逻辑，只能听之任之，这就是卿卿我我的典故出处。

书生与媳妇就这样没羞没臊的生活着，两人常被世人嘲笑讥讽，回家媳妇就闷闷不乐。

书生又笑呵呵地安慰她说："你看我们这样活得多好，你总不至于像我的朋友们那样吧？"

媳妇还是不开心说："我就是不喜欢他们笑话我夫君，我夫君多好多厉害啊。"

是啊，书生笑起来说："你知道不就行了。"

那年书生跟媳妇路过一家酒肆，年轻时的一幕幕刹那间追杀而至。

于是多年来营造的小人人设，都在书生的一声长叹里崩塌。

他对媳妇说："从前我们就在这里喝酒，嵇康弹广陵散，阮籍拍案高歌，你夫君我含着笑，趁机偷他们的酒喝。"

自从他们死后，我困于尘网几十年，如今离酒肆不过三两步，却像是隔着整片山河。

媳妇在身后慢慢抱住了他说："还有我呢，我们还都活着，很好很好地活着，当一对抠到家的小夫妻，不理这个世界的纷乱。"

书生笑了笑。

很多年前，书生双目灿灿如电，能窥见世情人心。后来书生跟他的朋友们，被合称为竹林七贤。

那些年书生有酒，有爱，有朋友，他虽意气风发却也看到这一切都将走向灭亡。

他的朋友们选择赴死，不与这个世道同流。

他看着怀里的姑娘，决定与这个世界周旋。

他曾领兵灭吴，也安抚荆襄，自己建立抠门人设污名自保，官居司徒，提拔寒门子弟。

书生叫作王戎，在他七十多岁的时候，遭遇八王之乱，夹杂于乱兵之中。

王戎心想，与这样的世道周旋这么久，我也该去黄泉彼岸，见我的朋友们了。

或许是那会儿他卿卿我我的老妻还没死，又或许是他的朋友们托梦，说鬼才愿意见你呢。

垂垂老矣的书生又长笑起来，亲自拔刀冲阵，刀光是许多年前的意气风发，是许多年后的韬光养晦。

王戎闯过乱兵，抛下了抠门的人设，与老妻在新的宅邸中大宴宾客，诗酒风流。

就像他年轻时那样，度过了生命的最后几年。

参考文献：

《晋书》房玄龄编，中华书局1996年版。

《世说新语》刘义庆著，沈海波译，中华书局2007年版。

从前有个书生，在他很小的时候，父亲就给他定了亲事。

那时父亲还是县令，交游虽不广阔，定亲的对象也是个读书人家，小姑娘粉雕玉琢，好奇心重，十分想知道自己未来的夫君是什么模样。

遂偷偷摸摸，去瞧书生。

窗明几净的下午，书生正一本正经的看书，他看书时很认真，与平日里装模作样的其他小孩子截然不同。

小姑娘托着腮说："喂，以后就是你来娶我吗？"

书生抬起头，一脸茫然："你是谁呀？"

小姑娘说："我是韩家的女儿，你是山县令家的公子对吧？"

书生想了想，终于记起自己父亲前几天去给自己定了亲，他点点头说："对，我会去娶你的。"

小姑娘撇撇嘴说："还不知是多少年后的事呢，许多事都会变的，我可未必嫁你。"

书生说:“一约既定,千载不悔。”

小姑娘眼睛睁得大大的,小心脏扑通扑通跳,她想这个小男孩儿说话好好听呀,他是什么意思呀,啊,好害羞啊。

于是小姑娘哒哒哒跑掉了。

书生挠挠头,心想这个小姑娘好奇怪,爹不是说她知书达理吗?不太像呀。

无论这两个小孩子的心里是怎么想的,之后的许多岁月中,到底还是发生了很多不可控的事情。

比如书生的父亲早早离世,书生家道中落,只能清贫自足。

只是书生还如小时那样,以信义著称,无论父亲做县令时还是家道中落后,待人都是不卑不亢,在乡中有小先生的美誉。

小姑娘也已亭亭玉立,家里或许也犹豫过关于旧时婚约的事,当书生一袭素净的长衫款款迈入门中时,这点犹豫便消失了。

能许给这样的少年,在动荡的世道里已是良配。

小姑娘就躲在屏风后面,听到书生含笑,淡淡说我来娶韩姑娘了。

小姑娘:嘤嘤嘤。

就这么着,韩姑娘就被小书生拐走了,跟他去家徒四壁,跟他去谈诗作赋。偶尔书生出去跟他的朋友们浪荡饮酒,韩姑娘也是轻声念叨。

韩姑娘说:“那些人都是谁呀?你这么乐意去与他们交游。”

书生笑着说:“都是些穷文人,喜欢喝酒,不喜欢这个世道,我陪他们发发牢骚。”

只是事情似乎没有这么简单,穷文人的团体不断扩大,后来书生又认识了两个人,只不过见了一面,就倾心结交。

借钱,出力,乃至于托妻寄子都不在话下。

有时候韩姑娘甚至都会吃醋说:“你们的关系好的太过分了吧,什么情况呀?”

这会儿或许是书生有些醉,又或许是沉寂这么多年的书生终于显露出他的自负,他说:“这个天下间啊,只有他们两人配做我的朋友。”

韩姑娘:“咦,那我能偷偷见见他们吗?”

于是某次书生请朋友来家喝酒的时候,姑娘就在屏风后面看,听他们把酒当歌,听他们长啸纵谈。

席散之后,韩姑娘两眼放光说:“你这两个朋友果然很厉害呀!”

书生无语。

韩姑娘说:“无论是谈吐学识,还是风流意趣,你都比不上他们。”

书生说:“虽然话是这么说,但我怎么还是有点儿不太舒服呢。”

韩姑娘狡黠一笑说:“当然啦,我夫君的见识气度也不是他们这种狂士可比的,我夫君最厉害啦。”

书生这才哈哈大笑起来。

他抱着他的姑娘说:“娘子啊,现在我们虽家徒四壁,但我已经想清楚了,我终究是要出山做事的,只要我出山,我一定会当上三公。到那时候啊,你能不能当好三公夫人呢?”

韩姑娘轻轻笑着说:“放心吧,你可不要小瞧你娘子。”

这话若是落到邻里耳中,谁都会当作是书生狂言,不过书生的那两位朋友,倒是十分笃信。

只可惜他的两位朋友,都见不到他位居三公的时候了。

那年书生出山,开始为官,甚至看破了司马懿装病的计策,他人微言轻,掀不动这场洪流,便默默回山避祸。

高平陵之变后,司马家掌权,才又把书生给挖了出来。

这样的人才,不为我所用,当为我所杀。

道理谁都明白,但选择却不是那么容易做的,毕竟司马家背信弃义,庇护权贵,书生身边的朋友没人愿与司马家同流合污。

那年他们最后一次在竹林酒肆纵情饮酒,一直喝到落日熔金,暮云四合。

书生和他的朋友们,被后人称为竹林七贤。而那两个与书生格外情浓的,便是嵇康和阮籍。

嵇康说:“该走的,终究要走。”

阮籍青白眼交替说:“世恶道险,愿诸君都得偿所愿。”

王戎拱拱手,第一个告辞了,他是琅琊王家的人,他也有一个卿卿我我的娘子,他要与这个浊世周旋去了。

书生饮尽杯酒，他也起身离开，这个世上有殉道的人，也要有做事的人，他说倘若以后有什么麻烦，尽可来找我。

只可惜嵇康从来不是一个愿意躲麻烦的人。

当司马家逼嵇康出来做官时，当重重阴影笼罩在嵇康头顶时，书生还想要给嵇康助力，一力推举他出来当官，表明自己站在了嵇康一方。

而嵇康显然不愿连累朋友。

他写了一封流传千古的雄文，便是《与山巨源绝交书》，仍旧是孤高绝世，仍旧是宁死也不会与世同浊。

于是一曲广陵散，从此成绝响。

赴死之前，嵇康把儿子交给了绝交的书生，他对儿子说："山公尚在，汝不孤矣。"

从竹林中离开的书生与王戎，都在不遗余力的照顾嵇康的儿子，从此嵇绍不孤，嵇侍中血，都成了千古佳话。

而迈出竹林的书生，也开始了他的基业，他举荐选拔人才，使朝野尽是显贵门人的气氛为之一清，也曾在大军出征之后镇守后方。

越发的被朝廷重用。

嵇康在《与山巨源绝交书》中还写过：有达人无所不堪，外不殊俗，而内不失正，与一世同其波流。

外表随波逐流，内在方正守道，嵇康说这样的人无论存在与否，总之不会是我。

书生却做到了。

或许是因为这封信时时存在于书生心中，又或许书生从来都是这样的人，当朝廷所有官员都收受贿赂的时候，书生不愿特立独行，也随之收取贿赂。

但贪污案被揭穿的时候，倒台了一大片官员，唯有书生还是屹立不倒。

因为书生又把几年前收取的贿赂拿了出来，封条都没拆开，积了厚厚一层灰尘。

大隐隐于朝，合于老庄之道，莫过于此了。

朝野上下，无不钦服，七十多岁时终于位列三公。

这些年荣华富贵唾手可得，也有美人投怀送抱，书生仍旧没有姬妾，与他的韩姑娘一起携手漫步至岁月尽头。

那时他的娘子也老掉牙了，书生伛偻着，说："怎么样，我没骗你吧，这辈子我从来说话算话。"

韩姑娘也笑起来，说："走吧，我们回家看看孩子们。"

书生名叫山涛，享年七十九岁，名重当世，清贫而终。

参考文献：

《晋书》房玄龄编，中华书局1996年版。

《世说新语》刘义庆著，沈海波译，中华书局2007年版。

从前有个书生，长得特别帅，史称：风仪秀整，美于谈论，见者皆爱悦之。

简而言之，书生凭一张脸，就能走遍天下。

比如书生年少轻狂的时候，喜欢跟人赌博，输光了就朝水面上来往的船只大喊："兄台，江湖救急，拿钱赎我！"

那会儿有个人如玉树的美男子正乘船经过，左右张望，才伸手指了指自己。

"叫我吗？"

书生狂点头，指着美男子："卿可赎我。"

美男子笑了，他本来就是个乐善好施的主儿，彼时跟书生都很年轻，看着对眼，就花钱赎了。

当然，书生好赌，就不可能只有一次输成这样。

没过几天，书生又输光了。

书生又朝江面上大喊："兄台，江湖救急啊！"

此时，美男子又在河面上经过。

美男子无语。

书生说:“……哟,好巧呀。”

美男子笑了笑，心说你是不是故意的？但美男子毕竟家教好,温润如玉,还是给钱赎了书生。

后来两人熟起来,这事还发生过很多次。

美男子对书生说:“现在朝廷里一片歌舞升平,却暗流汹涌,你我该做些正事了。”

一灯如豆,书生喝着酒,眯起眼来说:“那好,等将来你我名扬天下,再来匡时济世。”

十七岁那年,书生开始做官,负责监察百官。

有名士搜刮民财，无人敢言，书生一封奏折就把名士给告了。

放在其他朝代,这估计就是一场大戏,然而这是魏晋,名士风度不可以常理揣度。

这位名士听说自己被告了,啊呀一声,跑去找到书生,跟所有人说,你看你看,这才是朝廷栋梁啊,长得又这么帅,如万丈松,你们都是垃圾。

书生无语。

名士干咳两声:“我当然知道敛财是不好的,只是我这手吧,就是不听话。不过你放心,我以后知道朝廷里有你,不会再伸手啦。”

书生:“……哦。”

有这样一位名士,书生哭笑不得,但也声名大噪。

所以书生后来就缓缓升官，这期间他的姨夫也独当一面，顺便把他拉进了军中。

这位姨夫，就是闻鸡起舞里的刘琨，也是百炼钢化作绕指柔的那位刘琨。

姨夫对书生说：“如今朝廷里越来越乱，北方蛮夷肆虐中原，你愿留在朝中，还是跟我南征北战？”

书生二十出头，正是热血激昂的时候，当下目光灼灼，就决定跟着自己姨夫走。

那些年，书生为刘琨出谋划策，拉拢了不少人，击退了许多次北汉的进攻。

有一夜，北汉数万兵马围城，相持数日，都人困马乏，刘琨登上城楼，头顶上是泼洒的月光，他拿出胡笳，开始吹奏。

月下吹笳，如四面楚歌，匈奴军中人心思归，竟然就这样退走了。

可惜浪漫挥洒也不能弥补军事上的弱点，刘琨没有经天纬地之才，还是败了。

刘琨败后，退入幽州，他听闻南方的东晋朝廷已经建立，王爷却只称晋王。

刘琨叹了口气说：“国不可一日无主，刘琨死则死矣，一定要有人劝晋王上位。”

他望着书生，说：“你替我走一趟江南吧。”

这一去，书生就再没回过北方。

南方好,南方有清谈玄辩,南方还有王谢名门,更有书生曾经的好友。

美男子现在已经成了晋元帝的大舅哥,拉着书生四处交游,让人们知道他这位好朋友的能耐。

经历一天的奔波后,美男子还兴致勃勃,书生却有些萧索,他说:“我想回北方了。”

美男子说:“这里有什么不好吗?”

书生摇头说:“这里太好了,但北方胡尘弥漫,我姨夫还在前线,我放心不下。”

美男子沉默了很久,他叹了口气说:“其实一直没敢告诉你,刘将军,已经死了。”

那天书生喝了很多酒,祭奠北方的将军,也祭奠曾经的时代。

后来书生不想做大官,跑去跟太子玩儿,在太子府里当个小官,天天饮酒清谈,放浪形骸。

天下从来没有太平过,蹉跎几年,有位大将军图谋江东天下,要反。

将军是门阀贵族,也跟书生喝过两次酒,有过一些交情。

美男子上下奔走,号召所有能动用的力量,要平定将军的叛乱。

美男子问书生:“你帮不帮我?”

书生想起了许多年前的壮志,想起了死在北方的姨夫,他叹息着说:“帮,我怎么可能不帮。”

于是书生孤身前去叛军大营,开始卧底。

书生才华横溢,又熟知军事,自然逐步高升,不断将叛军情报递给美男子。

生灵涂炭,叙旧都没时间。

叛乱的将军有个心腹,暗中怀疑书生,书生心思电转,想好了应对之策。

书生开始在军事政治路线上与心腹对立,又在酒宴里找事,故意去给心腹敬酒。

心腹举杯慢了点,书生一把摔了酒杯,还大怒说:“你是什么东西,我温太真要敬你酒,你竟敢不喝!”

心腹无语。

那天书生喝得大醉,心腹去找将军说:“书生八成就是内奸,将军你办他啊!”

将军笑呵呵地说:“假如他真是内奸,岂敢在这里醉成这样?你不要因为受了点委屈,政见不同,就咬这么狠嘛。”

心腹特别无语。

后来找了个借口,书生终于走出叛军控制,把所有重要情报都给了美男子。

将军也无语了。

将军还能怎么办,一片真心喂了狗,情报都在对方手里,再不发兵,怕是朝廷就要动手了。

遂大军压境，打出的旗号就是斩杀奸臣。

奸臣自然就是书生。

美男子居后调停，书生领兵上前线，还亲自渡河奇袭，大败叛军。

书生回京的时候，春风满面，美男子哈哈大笑，今日的朝廷，声名之重，无过于他们，

或许美男子还请书生喝过酒，酒酣耳热时说："天下英雄，唯你我二人。"

书生心想，你怕是有点儿膨胀了。

美男子是真的有点儿膨胀了，那年晋明帝病逝，成帝年幼，朝政都由美男子主持。

美男子大刀阔斧，开始制裁违法犯禁的贵族，甚至是王爷。

当时所有人都以为，美男子是要乾纲独断，要当霍光，乃至于要当曹操。

美男子不服，他惩奸除恶，还朝廷一个清明天下，这是要北伐中原，收复旧土。

美男子退下了，朝廷里已经没有恶人，他把目光又转向朝廷外的武将。有个叫苏峻的飞扬跋扈，随时都有可能造反。美男子决定要抓他，一纸诏书，叫苏峻来朝。

书生听到这个消息，大惊失色说："你这么搞，苏峻知道自己必死，怕是要反，不如我带兵去京城，防备着他。"

美男子挥挥手说："苏峻只是个小角色，你西边那个征西将

军，手底下都是流民，他本人也是寒门出身，难说他有没有什么心思，你盯好他就行，不可越雷池一步。”

话都这么说了，书生自然也不能过去，于是苏峻就反了，带兵杀进京城，美男子仓皇出逃，连晋成帝都落入叛军手中。

美男子无语。

离他们最光荣的那几年，数天下英雄的那几年，也不过两年光景。

美男子痛哭流涕说：“自己就是个傻子。”

书生叹息说：“以苏峻兵马之多，我也未必能赢他，现在只能去找征西将军。”

美男子哭得更惨说：“我当政那会儿，没少折腾他，现在出了这事，我听说征西将军更是大骂，还要杀我全家。”

书生说：“那你是去找他，还是不去找他？”美男子眼睛一闭说：“罢了，那就去吧，大不了一死谢国，只请将军发兵。”

书生笑了说：“好，这才是我的朋友。”

那年书生带着美男子去找征西将军，两人并肩走在长街上，两侧的尘土似乎都在避着他们。

书生如万丈松，美男子人如玉树。征西将军本来满腔的怒火，见到美男子的那一瞬间，就如浇了三盆冷水，无影无踪。

《世说新语》称：将军一见改观，器重爱甚。

长得帅有什么好处，嘻嘻，可以救命。

于是两人借来强援，居中谋划，大败叛军。至于功劳，美男子无论如何都不敢接受，他始终认为是自己搞出来的祸患。

而书生，自然位置更好，声名更重，还娶了另一房娇妻。这位娇妻是他的表妹，名为表妹，年纪差距却不小。两情相悦，表妹常问书生说：“大叔，你什么时候娶我？”

书生说：“我都快死的人了，娶什么娶。”

直到他姑姑要把表妹嫁人，问他有什么好的人选，书生这才急了。

他也不是没有试探过：“我这样的怎么样？”

姑姑说：“您这个位置的，都一把年纪了，我们不敢高攀。”

这就是凉了。

那晚书生跟美男子约酒，美男子一拍桌案说：“你㞞什么，喜欢就娶她啊，怕什么年纪，怕什么死后光阴，想娶她，还怕没办法吗？”

书生把酒杯一放，眸光炯炯说：“好，说得好！”

于是书生给姑姑说好了亲家，并送来了聘礼，至于那个结婚的对象是谁，书生笑而不语。书生说：“一切交给我就好。”

姑姑茫然就答应了，谁能想到书生这样的名声的人会骗婚呢？

小表妹猜到了。

成亲那天，小表妹面前的团扇被拨开，书生嘿然一笑，勾了勾小表妹的鼻子。小表妹哈哈大笑说：“大叔，我就知道是你！”

只可惜这样的日子并没有持续太久，书生在四十二岁时，便与世长辞了。十年后，美男子也玉树蒙尘，长眠地下。

有人说，东晋之所以灭亡，就是因为书生这样的名臣相继去世。剩下的，都是些为了门户生存而庸庸碌碌的贵族。

书生名叫温峤，美男子名叫庾亮，曾经赌博赎人的少年，终于长成屹立天地间的英雄。

英雄不会长存，传说已然不朽。

参考文献：

《世说新语》刘义庆著，沈海波译，中华书局2007年版。

《晋书》房玄龄编，中华书局1996年版。

有这么一个汉子，长得特别帅，学习又好，一直觉得自己是经世济民的男主。

结果后来赶上叛军作乱，主角带兵去迎敌，走到半路上的时候，听说前线败了。

他看了看自己身边这一千多人，尿了。

于是灰溜溜地撤了。

经此一役，主角是痛心疾首，这才发现自己很菜。

于是主角也不怎么跟人说话了，本来很赏识他的一位辅臣看不过去，调他当了侍中。

教小皇帝读书。

这位小皇帝是真的小皇帝，当时刚刚继位，只有五六岁。

主角此时正心灰意冷地说："自己哪有什么才能敢教皇帝？但组织既然已经决定了，当然要往好里教。"

主角本身还是很有学问的，引经据典，讲些道理又讲得有趣，小皇帝时常听的眉飞色舞。

只是主角毕竟郁闷,讲课间歇,也会仰天叹气,愁眉不展。

某次主角又在感慨,小皇帝一步步晃过来,伸开双手给他舒展眉头。

主角没忍住,就哇哇大哭说:“社稷如此,臣之过也。”

小皇帝就很蒙,小皇帝哪懂外面的事啊,就摸着主角的脑袋说:“侍中不哭,侍中不哭。”

小皇帝是很容易开心的,听侍中讲故事就开心,有好吃好玩的就开心。

于是小皇帝就开始给主角讲故事。

还把自己好吃的推给主角,或许是犹豫了很久,鼓着腮帮子,最终忍痛推给了主角。

小皇帝肯定会想,这你该开心了吧?

主角哭得更惨了。

小皇帝一头雾水。

主角是觉得自己深受皇恩,无以为报了。

叛军还在节节进攻,甚至打进了皇宫,要抢宫里的女人。

大臣们都跑得差不多了,主角护着皇帝,怎么也不让叛军进宫。

小皇帝躲在侍中和大臣的身后,看到叛军四处劫掠,还大声喊着说:“还朕典籍,还朕百姓!”

叛军还有点儿人性,都停了手,在小皇帝背后继续劫掠。

小皇帝还很得意,对主角说:“朕厉害吧,朕一定会是个好皇帝。”

主角一边笑着说是，一边在想怎么把皇帝送出去。

天下还有勤王的军队，不能让小皇帝就这么在叛军之中，整日都有生死之危。

终于，机会来了，叛军敌不过勤王之军，要逼着皇帝跑去石头城。

那个当年带着一千精兵都会尿的主角，这次不尿了。

只有几百号人，就敢混入叛军之中，要送小皇帝出城。

主角还对皇帝说：“出了此地，你一定会是最棒的天子。”

小皇帝激动地点头。

浑然不知下一刻，他们就会被叛军发现，群起而攻之。

只是这一次，主角横刀立马，身后护着小皇帝，再也没有退缩一步。

可惜历史没有偶然，也没有温情，有时候不退，就意味着死。

那天在石头城中，侍中钟雅被叛军抓获，叛军头领任让眼见皇帝都差点儿跑了，怒不可遏，势必要杀钟雅。

小皇帝痛哭涕零，大喊：“还我侍中！还我侍中！”

却被叛军拉住，动弹不得。

刀光一闪，血花四溅，小皇帝的喊声戛然而止。

任让呸了一口，主角的头颅坠下来，犹自带着不屈之气，像极了一位英雄。

很多天后，叛军终于被平定，只是主持平叛的将军，偏偏与这个任让有交情。

而叛军中也有个人,能力很好,德行不错,想赦免他,那么同理也要赦免任让。

群臣商量了半天,说要不就这么办吧。

大家乐乐呵呵的,都点头表示了同意。

唯独有个稚嫩的声音响起来,像是从寒渊之下升起。

“让是杀我侍中者,不可赦。”

群臣愕然抬头，这才发现说话的竟然是那个刚刚坐回龙椅上的小皇帝。

小皇帝冷冷地看着他们,又重复了一遍。

“朕说,让是杀我侍中者,不可赦！”

群臣面面相觑,不知为何,没有人敢违逆这个时候的皇帝。仿佛有什么人在教着他,五六岁的年纪,便有天威如龙。

任让死的那一刻,小皇帝闭上眼,他一定会想起那个侍中,曾经郁闷着自己是个废物,却把性命都交托了出去。

参考文献:

《晋书》房玄龄编,中华书局1996年版。

《世说新语》刘义庆著,沈海波译,中华书局2007年版。

第六部分　北望神州的喟叹

很久以前，我就听过“我不杀伯仁，伯仁因我而死”这句名言，一直不知道背后的典故。

后来看晋书，终于发现这是一个死傲娇最终傲娇死了的故事……

死傲娇从小就卓尔不群，有才华，长得帅，这些都是标配，虽然没什么从政领兵的大本事，但学问道德也足以扬名四海。

比如王敦同学，从小就很怕他。

毕竟死傲娇这种生物，一般是不会说你好的，肯定全程都冷着脸，一副我不是针对谁，我是说在座的各位，都是垃圾的样子。

那年天子召开酒宴，酒过三巡，天子喝得开心，说：“哎呀，你看我们君臣济济一堂，就算是尧舜那会儿，也不过如此吧？”

死傲娇：“呵呵。”

天子一头雾水。

天子：“你呵呵是什么意思？”

死傲娇:“呵呵的意思就是现在比尧舜那会儿差远了，你说我给你留点脸你咋不知道珍惜呢,非要问到底。”

天子无语。

群臣也无语了。

天子:“来人哪,把这个狗东西给朕拖下去,关起来,不日处死(破音)!”

那群臣肯定要小声说两句,稍微拯救一下,几天之后皇帝气消了,还真把死傲娇给放了出来。

群臣都去看他,死傲娇能不感激吗?感激自然是感激的,但表达是不存在的。

死傲娇说:“哎呀,我就知道我死不了,这点小事怎么奈何得了我呢?”

群臣无语。

后来王敦造反，他的弟弟王导拉着宗族里一群子弟天天跪在皇宫门前请罪,死傲娇那天正好要进宫,路过了王家这些人。

王导突然抬头说:“伯仁,我王家上百口性命,交托给你了。”

这份信任,这份情谊,死傲娇能表露吗?不存在的,死傲娇面无表情甚至还有点儿嫌弃,大步流星就进了宫。

等到出宫的时候,死傲娇已经跟天子喝了一场,醉得踉跄,王导在边上低声叫他说:“伯仁,伯仁,事情怎么样了?”

死傲娇能理他吗?不存在的,死傲娇还对旁边侍卫说:“今日我杀了这群贼子,来年便可加官晋爵了。”

王导倒吸一口凉气，差点儿倒在地上起不来。

好在往后的日子里，皇帝还没有处置他们王家，而当王敦攻入京城的时候，想处置也处置不了了。

反贼入京嘛，自然是要搞一番大事，什么人能用，什么人不能用，都要重新划分。

王敦就问王导："那个死傲娇名声这么大，怎么也得给他个大官吧？"

王导不说话。

王敦说："那这家伙要是不能用，就得杀了。"

王导还是不说话。

王敦一拍桌案说："你就是再不支持我搞事，也不能一句话不说吧，否则王家覆灭，有你好果子吃！"

王导仍旧不说话。

王敦白他一眼说："行吧行吧，我就当你同意我杀他了。"

遂杀死傲娇，死傲娇风骨很正，临刑前面不改色，甚至还能破口大骂，被士兵拿长戟戳到嘴里，血流不止，死傲娇还是目光如铁。

很多年以后，王敦之乱被王导亲自平定，回到京城宫中，才发现了旧日的奏疏。

死傲娇只是嘴上傲娇而已，实则情真意切，奋力营救王家，才使得天子没有立刻控制起王家的子弟。

那天王导如遭雷击，恍惚了很久，才发现泪水已经打湿了奏折，他痛哭流涕，回到府中把奏折传给子弟们看。

他说："我不杀伯仁，伯仁因我而死，幽冥之中，负此良友啊。"

这位死傲娇，名叫周顗，表字伯仁。

既然说到了王导，那就顺便再把他也一起讲了吧。

旧时王谢堂前燕，飞入寻常百姓家。很小的时候我就听过这首诗，只是那时候我还不知道什么是王谢，什么叫寻常。

后来我渐渐知道，原来曾经有那么一个身怀英雄气的书生，在所有人都望着残破江山哭诉的时候，他拍案而起，说你们个个都像亡国奴，我们还没死光呢！大好江山在望，正该勠力进取，恢复中原！

新亭怒吼，这个英雄气的书生，便是王导。

王导年轻的时候，天下还很繁华，洛阳城里的奢侈他也司空见惯，偶尔跟文人清谈玄辩，偶尔与闲散王爷喝点小酒。

王爷说："你以后是要做大事的人呀，不像我，我悠闲一世，读书清谈就十分满足了。"

王导就笑说："王爷你越是这样，气度便越是不凡。"

王爷哈哈大笑说："全天下也只有你会说我气度不凡了，倘若以后我真能成就什么大业，我都分一半给你。"

王导也扬声大笑说："好，我却之不恭了！"

洛阳城里的少年们还在诗酒风流，九州的狼烟已经逐渐燃起，战火蔓延开来，所有人都不能幸免。

望着乱象丛生的天下，王爷毕竟留着天家的血，还是忍不住沸腾，忍不住酒后拍碎栏杆。

王导说：“王爷若心存大志，导愿效死力。”

王爷重重点头，说从今往后，我们并肩作战，我有什么，你便会有什么。

王导笑了笑说：“我又不图这些，只是保境安民，为天下苍生出一份力罢了。”

从那一年开始，携手的中年人开始图谋复兴，王导劝王爷赶紧回到藩国，积蓄力量，不要被闯入京城的势力波及。

只是力量还没等积蓄完毕，北方的胡骑就已经南下了，什么匈奴人、羯族人分蜂拥而来，很快踏灭了西晋王朝的火焰。

君臣只能携手下江南，争取稳固半壁江山，再图北伐。

只是这时的江南，门阀林立，对于司马家的王爷并没有很高的拥戴之心。王导作为名士中的清流，亲自去拜访江左豪门，又在众目睽睽之下为王爷牵马坠镫。

江左终于承认了北方来的朝廷，王爷酒后辛酸泪，把住王导的臂膀说：“若是没有你，我那些抱负便都成了不值一提的笑话了。”

王导也有些泪落，他说：“王爷，国事为重，现在有很多事都跟过去不同了，你不能再喝这么多酒，也不能随意把臂哭泣了。”

王爷摇头说：“我告诉过你，倘若我真的能成就大业，什么都会分你一半。”

王爷是这么想的,也是这么做的,那时他听取王导的意见招收人才,建立东晋朝廷,终于能够登基称帝。

他坐在龙床上,受百官庆贺,他神色振奋,伸手招呼王导,说:“爱卿劳苦功高,来,与朕同登御床!”

王导目光低垂,不与王爷直视,口中推辞的话语却无比坚定。

国事为重,许多曾经的话便都随风逝去吧。

然而这份君臣情义,在几年之后迅速消失了,即便王导位极人臣还能温良恭谨,当王敦在外执掌兵权时,王导还会自请贬官。

可惜王导想做诸葛亮,这位王爷却不是刘玄德。

还是要打压王家,无论是王导还是王敦,都要尽力剥夺他们的权力。

王导固然一言不发,王敦却是个耐不住寂寞的人,一言不合,就发兵去往京城,史称王敦之乱,而伯仁因我而死,也发生在这个时候。

其实又岂止伯仁呢,这一场战乱,死了王导的无数故人。

曾经少年倾杯,共谈抱负的王爷被王敦幽禁在宫中,忧愤成疾,离开了人世。前尘如梦,王导在府中趁着月色,默默饮酒,缅怀年少时的朋友。

而曾经一起长大,共同在洛阳城里清谈赴宴的兄长王敦,也可以说是死在了王导手里。

在阻止王敦篡位的道路上，王导还是证明了自己的忠心，朝廷把三军统帅的职位交给他，他全权处理剿灭王敦一役。

王导在家为王敦发丧，传出王敦已死的消息，军心大振，大破王敦。

多少故人恨，都在梦魂中。

王导开始位极人臣，官居司徒，特许他剑履上殿，但所有的特权都被王导拒绝了。

那些年里，王导做过很多事情，兴办学校，充实国库，他是少有的利用名士影响力做正事的人。国库空虚，只有一些卖不出价钱的粗布麻衣，他便率领朝中名士都穿粗布衣裳，个个气度不凡，光彩照人。

这些布价格飞涨，被抢售一空，转眼间充实了国库。

当然东晋的朝廷不稳，时不时就有叛乱发生，苏峻叛乱发生之后，国都残破，到处都是毁坏的宫殿，许多人都提议迁都。

王导力主不能迁都，他说："北方仇敌阴魂不散，若我等迁都，在外敌眼中便如示弱退避，到时岂止中原沦陷，江左又岂能安宁？"

这么多年过去了，北望中原的人们还是未曾放弃。

只是王导自己知道，他只能周旋在世家与朝廷之间，尽全力稳固江南的势力。他没有祖逖不成功便成仁的魄力，甚至没有勇气去主动兴兵。

世人说他是和事佬，那便当一个和事佬吧，偌大一个朝廷，总不能人人拼命。

当然，或许全员拼命早能成功，祖逖北伐事毕，一切便都不是问题。

奈何王导出身名门，还是做不来这样的英雄功业。

江南局势比较平稳的时候，王导的威望已经比天子还要高了，天子小的时候，见到王导就会下拜，写诏书的时候，还会对王导说“朕惶恐”。

即便天子长大成人，也不敢让王导拜自己，王导来上朝，还亲自起身迎接。

王导却没有权臣的跋扈，仍旧简朴寡欲，老年多病，也不置什么姬妾婢女，反倒是天子看不过去，非要给他送钱，甚至还亲自去他府上开酒宴。

那天王导又升官了，大都督、太傅、丞相，官职飞涨，他总揽天下大权。

只是让人诧异的是，这位总揽天下大权的老臣，却颤颤巍巍地出府了，带着一壶酒，去向一般人去不了的地方。

新来的臣子很疑惑说：“他到底去做什么呀？我听说王丞相家中有悍妻，他每每去找外室，都会被悍妻追杀过来。如今一把年纪，还有外室吗？”

旧臣失笑说：“王丞相是去祭拜元帝了。”

每一次升官，每一次得到赏赐，王导总会备一壶酒，在当初的王爷陵前说说话，刚开始的时候还会哭几次，现在已经不哭了。

春风掠过，王导只是淡淡地笑说：“你看这个天下啊，我们曾经约好的事情看来只能做一半啦，稳住了基业，中原却只能北望。”

“就像是你后来也不敢真的把江山分我一半，而我也着实不敢去接。”

“江山依旧，岁月总是催人老，你我阴阳相隔这么多年，别催，我很快就要去找你了。”

次年，王导病逝，享年六十四岁，为之罢朝三日，举国齐哀，葬礼极尽哀荣，一如汉朝霍光旧例。

参考文献：

《晋书》房玄龄编，中华书局1996年版。

有这么一个少年，诗书传家，文武双全，站在那里就是万众瞩目的代名词。

除了爱好钓鱼。

朋友说你好好一个美少年，怎么就喜欢这种老年人的活动呢?

少年就翻个白眼说:“修身养性，谋定后动，钓鱼是多么的暗合兵法，多么的大道自然。”

朋友无语。

少年不仅喜欢钓鱼，还每次都能钓上来特别多的鱼，钓完鱼还喜欢美滋滋地给哥哥姐姐和妻子写信，说:“哎呀，今天天气真好，我又钓上来好多鱼，给你们分一分呀。”

倘若以后都能这么逍遥自在，钓鱼读书，那该有多好啊。

那会儿估计也有人问过他说:“你一身才干，不去效力朝廷，不觉得很浪费吗?”

少年淡淡一笑，其实这个问题在很早以前就有人问过他了，他的叔父曾经问过他们家的所有人说:“我们家的人并不需要出去做官就能荣华富贵,为何还要苦读诗书呢？”

少年举手说:“譬如芝兰玉树,欲使其生于自家庭前罢了。”

叔父哈哈大笑,又问少年《诗经》中最喜欢哪一句,少年想了想,说:“昔我往矣,杨柳依依;今我来思,雨雪霏霏。时空交错,岁月如梭,诗文之美,尽在其中。”

没有那些宏图壮志,也没有那些轻狂自负,少年从小就性情自然。

就像他叔父一样，闲着没事就喜欢在东山里待着，赏赏花月,教教家族子弟比什么都强。

只可惜世道不放过他们,一句“东山不出如苍生何”,请了他叔父去匡扶摇摇欲坠的朝廷。

叔父出山之后,还把少年安排在了桓温手下,无论是出于什么心态,是桓温礼贤下士,又有北伐壮志,还是为了准备夺权,拉拢豪门,少年都在桓温的军中见识到了另一种美。

不动如山,侵略如火,人发杀机,天地反复。

那是一种人力所组成的壮美,无数人前仆后继,一代又一代地望向中原,要把曾经的家乡故里夺回来。

有时少年喝多了酒，也会随着他们大声呼喊说:“要光复神州。”

然而光复神州,是要用一条又一条的性命去填补的,少年也上过战场,见识过鲜血在耳边飞溅,昨夜还笑着打招呼的弟兄就死在他的眼前。

这时少年不太喜欢喝酒了，但他望向北方的时候，目光开始坚定如铁。

几年以后，桓温身死，而桓温最后一次北伐的失败也让长江以北的前秦帝国加速发展起来。

鼎盛的前秦帝国，决心大举南侵，一统天下。

这时少年的叔父举荐少年领兵，参与对抗前秦，无论朝野有多少诋毁叔父任人唯亲的诛心之语，朝廷还是选择了相信叔父。

少年来到边境，一手提拔寒门将领，招收北方流民，与士卒同甘共苦，建起了一支精锐部队，几年小规模战斗百战百胜，人称“北府兵”。

少年闲来还是会垂钓，还是会给家人写信送鱼，谈笑间有过去的影子。

只是肩负重任的少年越发沉稳了，面对苻坚的大军南来，仍旧从容不迫，像极了每次放饵后的渔翁。

前秦部队包围彭城，少年声东击西，诈攻对方粮草辎重所在地，主力解彭城之围。

前秦的后续部队抵达，南侵之势如火，包围刺史田洛，攻陷盱眙城，朝廷本来派来几路大将去往前线，那几位将军闻讯震恐，纷纷退兵。

一时间，江左朝廷有覆亡之忧。

少年自广陵出兵，一支逆流而上的部队迎着烽火狼烟悍不畏死的冲过去，解田洛之围，破前秦大军，之后占据白马，阵斩敌将。

北府兵势如破竹，追亡逐北，连斩敌将，前秦军队节节败退。

少年率军继续追杀，前秦的将军仿佛有种错觉，这个人能一路杀到北方，径直击破前秦都城。

当然，少年并没有，他只是顺便让人断了浮桥，烧了船只，又派人捣毁了前秦的运输船，要把来犯的部队全歼而已。

这一场大战过后，前秦主将仅以身免，南北朝廷一日三惊。

事后，南朝为少年进号“冠军将军”，以功封侯。

前秦苻坚决心亲自领兵南下，号称百万大军，可投鞭断流，南朝再一次瑟瑟发抖，而苻坚志得意满，气势汹汹。

然而这个气势还没鼓起来，南边就又突然冲出一支军队，把苻坚的前锋给击溃了，还是阵斩大将，且还顺手夺了物资。

苻坚一头雾水。

苻坚：“谁干的！这是哪个王八蛋干的！”

少年：“我干的，来啊，决一死战啊。”

少年用兵这么嚣张，苻坚岂能忍得住，屯兵淝水，一步都不让少年过江。

少年就很无奈说：“大佬，你不是要来决一死战的吗？我这都过不去我们怎么打？你稍微往后退几步，等我过河，我们背水一战，一战定两国胜负生死，如何？”

苻坚想了想，自己百万大军，没道理输啊，而且还能等这傻小子渡河渡到一半，直接打死他。

这还是太年轻了啊。苻坚脸上带着笑意说："行啊，那你们过来吧！"

少年暗自在心中骂了句：智障。

所谓百万大军，那势必是各个部队、各个种族，乃至不同势力间的将领都混为一军。这样的部队令行禁止本就困难，你阵型拉这么长，这会儿往回退，后面谁知道怎么回事？

少年一抬手说："听我号令，八千北府兵随我渡河，不顾一切，速度为先。"

然后少年的手重重落下，八千儿郎一声呐喊，狂奔过河。而苻坚的军队才刚刚开始退，被少年安插在敌军中的奸细，就开始大声呼喊。

他们说："前军败了，苻坚死了，我们要完蛋了！"

几十个人，散得很开，但声音极大，一时片刻间本就不能令行禁止的百万大军阵脚大乱，还想挥兵进击渡河的少年，堪称痴人说梦。

八千北府兵，转瞬之间便已过河。

一时杀声震天，而能与少年正面作战的，无非是苻坚的几万亲兵，北府兵纵横天下，没有绝对兵力的压制，又有谁能阻挡？

那一战，苻坚中箭，前秦大将战死者不计其数，自相践踏、投水而死者不可胜数，淝水为之不流。余众丢盔弃甲，闻风声鹤唳，皆以为少年追兵又至，草行露宿，重以饥冻，死者十之七八。

淝水之战大胜，叔父强行淡定说："小儿辈大破贼。"说的就是少年。

没错，叔父正是谢安，而少年正是谢家宝树，谢玄。

不久之后，谢玄上表，要趁苻坚大败，前秦国力大损的时候进行北伐。

这一次北伐谢玄整顿漕运，手段繁多，将粮路打通，从此谢玄兵锋所向，北方各地莫不臣服，苻坚之子几乎投降。

兖州、青州、司州、豫州，全部收复。

只是当谢玄想留在北方，继续筹谋下一次作战时，朝廷却想休养生息了。或许是怕又出现一个王敦桓温，或许是怕功高盖主。

谢玄望着残破江山，钓了会儿鱼，他想起自己在暗夜里的许诺，如今也完成了大半。

功业总要给后来人留一些，他想和叔父回东山了。

那年谢玄回到了南方，有时他还会北望神州，想去看看只在书里听过的长安与洛阳，如今两座京城都已残破，何时才能重现辉煌呢？

多年军旅生涯，伤病缠身的谢玄再也没有机会了。

天不假年啊，东晋朝廷的中流砥柱，芝兰玉树，在四十六岁那年，便早早离世了。

正是：方欲西平巩洛，北定幽燕，庙算有遗，良图不果，降龄何促，功败垂成，拊其遗文，经纶远矣。

参考文献：

《晋书》房玄龄编，中华书局1996年版。

《世说新语》刘义庆著，沈海波译，中华书局2007年版。

那年父亲战死时，少年只有十五岁。

那会儿天下动荡不安，苏峻的叛乱席卷江南，而少年的父亲正是某一座城池的守城将军。

力战不屈，死在沙场。

少年的兄弟们在葬礼上号啕大哭，少年面无表情，他盯着来吊丧的官员们说："杀我爹的凶手，全都伏诛了吗？"

官员们好言安抚着他说："都死了，杀你爹的叛将也死在阵前了。"

少年摇摇头："还有呢？"

官员们面面相觑说："没了啊。"

少年说："我爹死守泾县，泾县县令却早已投降，若没有县令依仗对地形的了解，我爹又如何会这么快战败身死？"

官员说："但那县令已经归降朝廷了，你不要自误。"

少年沉默片刻，点点头说："好，既然你们不给我一个公道,那我就自己去找这个公道。”

官员们吓了一跳,消息传到县令耳中,更是全家提防,住行都有专人保护。

这么多年了,大汉的雄风早已消失在遍地兵燹的时代中,谁都没有想到会冒出这样一个拼命为父报仇的少年,天天枕着刀剑,练武练到血崩。

三年的时间转瞬即逝,也有兄弟劝过少年说:“对方守备森严,你一个人没戏的。”

也有人想提拔少年说:“我们都明白你的血气,我们会举荐你,给你一个好出身的。”

少年都没有听,他只盯着县令家说:“若不报仇,枉为人子。”

那天他终于等到了机会,终日活在警惕与恐惧中的县令风声鹤唳,不过三年,便病死了。

病死,就要发丧,少年告别诸兄弟,要去葬礼上报仇。

县令死了没关系,父债子偿,享受着背叛者留下的家财,就也要承受背叛者的血债。

林风簌簌,一袭白衣的少年来到县令的葬礼现场,县令的三个儿子自然也猜到了少年会来,在木杖之中藏了刀兵。

哭声此起彼伏,人影错落,阳光斑驳,少年混进吊丧的人群之中,正关注着四周的县令三子忽然感到背后一阵寒意。

刀光乍起!

少年持一柄短刀,抬手间鲜血飞溅,葬礼有一瞬间的寂静。

下一刻所有人哗然起身，县令剩下的两个儿子也终于抽出了刀。

少年静静地站在人流中央，提着短刃直视两个仇人，目光沉定，鲜血一滴滴落在地上。

两个弟弟心头打战，对视一眼，谁都没敢上，调头就跑。

刀光又亮起来，像是风在耳畔低语，两个逃亡的汉子像是听到了来自远方的呼喊，他们茫然停下脚步，回头就见到了少年的背影。

少年数步之间已经追上，出刀，了断一切后转身离去。

沉寂三年，枕戈泣血，一刀出手，少年名动天下。

人们记住了少年的名字，后来少年承袭了父亲的爵位，还娶了公主为妻，渐渐走上仕途，当上了琅琊内史。

少年在琅琊种下了一株柳树，他笑着望向这个天下，心想：这不是故事的结束，这只是我一生传奇的开始。

那会儿天下不太平，没错，又是这句话，我们这本书就是魏晋，自然总是不太平的。

朝廷发动过北伐，少年也参与了，那是他第一次北望中原。

或许没有祖逖那样的英雄气概，或许没有天下为公的雄心抱负。

但少年人嘛，血气正盛，眉眼里都是火焰，烧出来都是野心，他想：北方偌大的基业，这么多年无人收复，等的就是我来补天。

建功立业，不世之功，一人之下万人之上，都在少年脑海里匆匆掠过。

十年之间，少年冲锋陷阵，要坐镇荆州。江南那么多世家，那么多势力，自然有人想要荆州的地盘，又有人畏惧随时可能到来的战争。

少年坐镇荆州的决定，朝廷反复数次，才终于定下来。

其中有个叫刘惔的名士，就属于看少年特别不顺眼的人，非说少年不能清心寡欲，不做学问，野心勃勃，不可掌权。

少年想，我北望中原，还要什么清谈学问？

无论如何，少年终于彻底站上了历史的舞台，彼时西蜀也早有人自立，绵延数代，如今在位的主人荒淫无道。

少年敏锐地察觉到：可以动兵了。

少年上表，提议西进伐蜀。

朝廷表示你先等会。

少年一头雾水。

少年："兵贵神速啊，趁他病才能要他命。"

少年："喂，朝廷你还在吗？朝廷你干吗呢？"

朝廷里还在互相怼，有人觉得妄自兴兵不太行，又有人觉得这次伐蜀的确能成功，但要不要找个人取代少年的位置，去争一争功呢？

都得考虑，都得计算。

少年想了想："行吧。"

于是少年决定不等朝廷回复了，直接率军就杀了过去。

朝廷惊呆了。

少年让自己兄弟带着两千人做前锋，直接杀向成都，他随军在后，路过三峡，见绝壁天悬，洪波迅急，乃是九死一生的地界。

他叹了口气说：“既然要报国效死做忠臣，便不得为孝子了。”

少年深吸口气，站上船头，望着迢迢大江和身后兄弟，扬声道：“随我破敌，我带尔等衣锦还乡！”

三战三胜，蜀军还有不战而溃的，一路杀到成都城下，蜀军才终于聚起了有效抵抗。

少年亲自督阵在前，前锋久战之下还是败了，羽箭甚至射到少年马前。左右兄弟牵着少年的缰绳说：“将军，退吧，缓几日再攻，成都还是我们的！”

少年咬着牙，缓几日便可能让成都城彻底准备好了，他一路冲杀到此，又有什么意义？

只是现在誓死不退，真的能赢吗？

这一瞬间，少年才发现自己行军布阵绰绰有余，阵前判断局势却差了一筹。

少年犹疑间，已经有人慌忙给出了撤退的信号，只是沙场上人心惶惶，鼓手竟然敲错了命令。

没有后退，后退者斩，要的就是一鼓作气拿下成都！

左右部下大惊失色，少年的目光却更亮，他说事已至此，令不可反复，诸君拼命吧！

竟然反败为胜，一举拿下成都城！

千军万马，就此都在少年的脚下了，他深深呼气，抬头望天，这是上天赐下来的功业，我注定会成为这天下的第一人。

那年，少年携伐蜀之威回朝，赫赫声名，无人能挡。

再加上少年此前不等朝廷回复，径直出兵的暴脾气，朝野上下无不惊恐。

那位早早说过少年野心勃勃的名士刘惔，更是看少年不顺眼，某个雪夜的集会里，文人雅士济济满堂，唯有少年穿着一身戎装前来。

刘惔嗤笑说："老贼穿此衣要做什么？"

少年冷眼看着他说："我不穿此衣北伐西进，大敌当前，尔等哪有机会在此清谈？"

很快，朝廷就推出了一个大人物来对抗少年，这位大人物也是名士，叫作殷浩。

殷浩可了不得，乃是会解梦的玄学大师，而且解梦都能把自己的超凡脱俗、不屑名利给衬托出来。

曾经有人问他："将有官而梦棺材，将得财而梦粪便，何也？"

殷浩说："官本臭腐，故将得官而梦尸，钱本粪土，故将得钱而梦秽。"

啪啪啪，给他鼓鼓掌，全体名士起立，都给他鼓鼓掌。

而且这位仁兄言行合一，竟然真的就十年隐居，无论怎么征召都不出来做官。直到少年势不可当，天子去请他说："你再不来，恐怕就要变天了。"

殷浩才勉强出山。

朋友去找少年说："这人可不好对付，若是排挤了你，我们的豪言壮语便都成空了。"

少年只是笑说："放心吧，这种不理会俗务，只当名利为粪土的人，又如何能是我的对手？"

朋友："那你要怎么做？"

少年只是笑，他说："我什么都不做，就看他跳，迟早完蛋。"

这时的少年也早已不再少年，白发渐生，举手投足里都是威严豪迈。

称呼他什么好呢？就叫他将军吧，一个少年终于成长为了掌控无数人生死的将军，带着曾经的热血和意气风发，走向下一个舞台。

几年以后，北方的后赵天子死了，皇位更迭，乃是大好的北伐时机。本来打算一直默不作声的将军，还是忍不住提议北伐了。

只是他想北伐，朝中人却怕他立功。

这次的提议呈上去，朝廷还是老样子，迟迟没有回复，不是在争吵，就是在准备争吵的路上。

将军烦了，又上了一次请命表，不等回复直接大军出动。

朝廷一头雾水。

三军顺流而下，还在中途停下了，对着京城似乎就是虎视眈眈，谁也不知道这货要干吗。

天子慌了，而曾经力荐将军坐镇荆州的王爷亲自写信过去劝，顺毛一顿捋说:“朝廷就是这样我也没办法啊，总要勉强支撑。”

那位隐居十年，会解梦的名士也瑟瑟发抖，恨不得立刻辞职,请将军掌权。

将军叹了口气,总觉得自己在欺负孩子,默默撤了回去。

这次北伐便无疾而终了,将军回望来时路,心想就这样吧,等朝野彻底没有杂音的时候,恐怕才轮得到我去北伐。

又过几年,或许是朝廷怕北伐的功劳真的落在将军手上,又或许是抓到了好的时机。

解梦名士殷浩,出兵北上了。

然后就被按住,一顿打,粮草被掠夺一空。

将军无语了。

将军说:“我不是没给过殷浩机会,给他机会他不中用啊,行了,治罪吧。”

殷浩被贬为庶人,从此将军一人之下,万人之上。

遂有北伐之举,兵马浩荡渡江,来到了将军曾经的任地,那里还有他许多年前种下的柳树。

枝影横斜,老树粗壮,无数风雨流年都在它身上掠过了,将军白发已生,蹉跎的岁月仿佛都能在这棵树上见到。

将军闭目长叹道:“树犹如此,人何以堪?”

那些年里,将军组织了三次北伐,第一次与第三次北伐总是先胜后败，只有第二次才取得过光辉的战果。

将军收复了洛阳，饮马黄河，他不止一次地请求朝廷迁都回洛阳，把百姓也带回中原故里。

奈何总是音信全无。

神州陆沉，无论是出于什么原因，真正想要一心北伐的，终究是少数。

能偏安一隅，保汉家衣冠不失，就已经很好了。

有这些人的阻拦，再加上将军本身并非天纵之才，战机把控始终不敏锐，在第三次北伐大败之后，他终于心灰意冷了。

回朝的那些天里，将军开始放纵自己，他把兵败的责任推卸给他人，逼得他人反叛，又出兵围剿，夺得城池。

可惜这花里胡哨的操作，就连他的手下都知道，这无法洗脱第三次北伐失败的耻辱。

将军默然，他躺在床上，久久才说："大丈夫生于世间，就这样默默无闻地死了，肯定会被司马师、司马昭这样的人嘲笑吧。"

突然，将军猛拍床榻，翻身坐起，目光灼灼：既不能流芳百世，不如就遗臭万年！

没错，这位将军正是桓温。

后来他废立天子，独揽大权，大杀异己，连著名的东山谢安，都恭谨走在他的身后。

桓温："谢公何必如此？"

谢安："君臣有别，自该如此。"

那段时间里,天下人乃至他自己,都一度认为桓温要当皇帝了。即便他老迈多病,即便世家都还留有余力。

那年,桓温带兵入京城,流言纷纷,都说他此来是要诛杀王谢世家,称帝夺位的。

谢安与王坦之见桓温于新亭道畔,王坦之汗出如浆,瑟瑟发抖,谢安从容自若。

桓温看着他说:"谢安不愧是谢安啊。"

江左的世家里仍然有不尽的人才,他们不会让桓温真正走出那一步。桓温入京十四天,病发,退回姑孰。

不久后,病重去世。

雄姿英发,称兵海内的一生,像是燃火的陨石,砸落在这个世道里。

树犹如此,忠臣孝子的悲慨,这个世道早已将他包围,左冲右突,他的野望也无法实现了。

桓温,享年六十二,病逝姑孰。

参考文献:

《晋书》房玄龄编,中华书局1996年版。

《世说新语》刘义庆著,沈海波译,中华书局2007年版。

从前有一位名士，长得……算了，你们都知道，名士势必长得特别帅，史称：眉目疏朗。

除了长得帅，自然还非常有才，这位是《左氏春秋》的行家，常常纵论天下大事，品评四海英雄，无不令人信服。

而且最关键的，是这人开口，从来不提“名利”二字。

别提钱懂吧，提钱就是不给我面子，不给我面子，你是不是想死？

当然名士年轻那会儿还没有这么疏狂，还是一个持身中正的美男子，万千少女的梦中情人。

比如有外戚强行废太子，拥立傀儡这种事，是个读书人都不服，都想骂，然则没人敢。

太子被放逐去许昌，偌大的京城，没人敢来送。

名士双目灼灼，对他的朋友们说：“怎么着，哥儿几个陪我走一趟吗？”

朋友们当即吆五喝六起来说：“走啊，必须的，这点面子还能不给王哥吗？”

遂浩浩荡荡，风姿出尘，立在道旁去给太子送行了。

这是什么行为，虽千万人吾往矣，置生死于度外的行为，这种人不成为名士，恐怕魏晋也就没人能当名士了。

那些年里，名士还都没太见过世面，娶公主的时候，还闹出了笑话。

我们都知道，有钱人都会玩儿，像公主这么有钱的人，厕所里都会摆上一筐干枣。名士有点儿蒙，心想这是干吗用的？

名士拿起来，尝了尝：“咦，还挺好吃。”

遂吃光了一筐干枣。

公主无语。

公主：“那是用来塞鼻孔的。”

名士一头雾水。

还有金盘子、琉璃碗，盛着澡豆端到名士面前，名士也愣了半天，最终还是相信了自己的判断。

这么金贵的物件，装的势必是食物啊！

就把澡豆倒进水里当汤喝了。

公主又无语了：“那是洗手用的。”

或许有那么一段时间，名士觉得自己不应该娶公主。只是架不住名士长得帅又有才，没见过世面怕什么，当了驸马还缺钱吗？

不存在的。

后来名士就经常参加一些高端聚会，比如知名大土豪石崇搞的聚会。

石崇这人吧，就是看不惯别人不喝酒，每次开宴必先喝酒，人手配一个美人，让美人端着酒杯劝宾客饮酒。

名士的弟弟本来不喝酒，但架不住美人劝酒，还是喝了。

名士本来能喝酒，但特别烦这种逼酒的，就不喝。

石崇面色一变，说："你是不是不给我面子。"

名士说："对啊。"

石崇说："你知不知道，这些美人手里的酒如果没人喝，她们就会死。"

弟弟扯了扯名士的袖子说："哥你就喝点吧。"

名士说："他杀他的人，我为什么要喝酒？"

就这么着，石崇连杀三位美人，名士神色不变，说不喝酒就不喝酒。

当天的气氛就变得极其诡异，而终于也有人发现了，这位名士不同于其他清谈的才子，而是真的能置生死于度外，也把其他人的生死置之度外的狠人。

几年后，天下大乱，那才是名士真正的舞台。

八王之乱，有王爷篡位，名士跑到他叔叔那里，力劝叔叔出兵，因功上位，开始一步步掌控兵马。

后来朝廷几经变换，要召名士回朝，名士把公主府陪嫁来的婢女都许配给了军中将士，散尽家财，单车回洛阳。

只是此时的局势已经谁都拯救不了了，名士领了扬州刺史的官职，再次外放，北方的胡骑厉兵秣马，随时准备南下。

而劝他喝酒的弟弟，早在洛阳的时候就与另一位闲散王爷交好，弟弟给他写信说："如今中原大乱，若事不可为，我便要随王爷南下了。"

名士还对北方的朝廷心怀希望，再一次受召去往洛阳，结果彼时胡骑已经兵临洛阳城下，同路的将军怯懦不敢前，名士催促他，反倒让同路的将军彻底反了。

同路的将军大败名士，名士沉声长叹，逃去了他弟弟安置好的南方。

名士北望中原，跟许许多多南渡的人一样，想的都是：我一定会回来的。

然而局势混乱，来路茫茫，名士终其一生也没能回来。

他的弟弟劳心劳力，要帮王爷稳住南方，甚至帮王爷坐稳帝位。而四方叛乱不绝，名士便亲自统帅三军，去平定战祸。

当然，顺手也杀一杀从前看不顺眼的人。

比如只凭勇力，肆意傲物的族兄，就被名士随便栽赃了个罪名，径直杀了。

统帅三军啊，有道是身怀利器，杀心自起。

很难讲名士是因为看过了北方朝廷的混乱，而兴起自己掌控全局的心思，还是单纯因为统领三军而长出了野心。

其实最好的情况是名士统领三军，克复中原，这样自然而然就会大权在握，过上几年就能重新上演魏武帝旧事。

只不过名士明白，自己没有那份本事，也没有那个时间了。

日暮途远，故倒行而逆施。

那些年名士的兵马越来越多，他收取的赋税也不再全数交给朝廷，他的弟弟在朝中一人之下万人之上，天子终于有了动作。

他要分割这兄弟二人的权柄。

弟弟自认还是臣子，只要不把家族逼上绝路，他都可以接受。

但身为哥哥的名士不自认是臣子了。

名士说："大丈夫生于世间，翻手为云，覆手为雨，不亦快哉？"

那几年里，用兵稳压名士一头的两名将军都已经去世了，他肆无忌惮，拉起清君侧的旗帜，径直发兵去往京城。

起兵造反，这人正是王敦。

而在京城中长叹不断的弟弟，正是一手建立东晋，却时刻心怀家族的名臣王导。

星月高悬，在某个深夜里，王敦举起酒杯，请三军将士饮酒，酒过三巡，便高歌：老骥伏枥，志在千里。烈士暮年，壮心不已。

随手用如意击壶，直至壶边满是缺口。

王敦一摔酒碗，大声道："出兵！"

风起云涌，天子也发出诏令：能擒王敦者，封千户侯。

然而这场战争的开端，是王敦以霹雳之势攻入京城，斩杀了天子准备用来分权的几位心腹大臣，全权掌控朝政。

天子瑟瑟发抖，脱掉龙袍，换上朝服说：“王兄你想做天子，你告诉我嘛，何必搞这么僵呢？”

王敦笑了笑说：“听说陛下要抓我，抓我来京城的人，赏千户侯？”

王敦大手一挥：“请旨！我自己来了，让陛下封我万户侯吧！”

天子无语了。

王敦大笑离去，这任天子被囚宫中，忧愤交加，病逝京城。

而王敦还在一步步走着，他不能现在做天子，否则四方都会反他，他还要加九锡，剑履上殿，行废立之事，一步步试探天下人的反应。

其中除了废立之事遭到了太多的阻碍，其余都在王敦军威之下被朝野默认，所有人都瑟瑟发抖，等翻盘的机会，或者等王敦真的篡位，野心家与门阀鼎力江左。

那些年里，无数能臣名士想办法阻止王敦，其中的佼佼者，便是温峤。

这位仁兄是个演技派，取得了王敦的信任，几年过后，本身就日暮途远的王敦老病缠身，急需一个有本事的人替他看着朝廷时……他派去了温峤。

王敦派去了温峤，温峤反手就把王敦的所有布置告诉了朝廷。

这时再不动手，等王敦反应过来就没法动手了。

即便如此，朝廷还是小心非常，令王导做统帅，明确告诉所有人,这一战只诛首恶,绝不波及。

但这样还不够,阅兵的时候所有将士还都在瑟瑟发抖,新上任的天子不得不说:“王敦已经病死了,我们现在要打的,只是他的部下。”

王导趁机在家中发丧,祭奠王敦,所有人都信以为真。

这才三军振奋,有了一战之力。

王敦不死,便三军不发,垂死声名还威震一世,也算得上一世之豪了。

只是病重的王敦终究没能再去前线督战,一次次的战败反而加重了他的病情,当他恍惚间看到了年少时恭送被放逐太子时的自己,他明白,自己快要死了。

这一生放弃过万贯家财,放归过美人姬妾,闭口不谈名利。

男儿生于世间,便该着眼于英雄伟业,其他小事,岂足道哉?

只是英雄伟业我无能为力了,我又不服我止步于此,主父偃说得好啊。丈夫生不五鼎食,死则五鼎亨耳!吾日暮,故倒行逆施之。

败了,也就败了。

王敦病逝,时年五十九岁。

参考文献:

《晋书》房玄龄编,中华书局1996年版。

《世说新语》刘义庆著,沈海波译,中华书局2007年版。

那年天下不太平，所以当少年他爹娘劝他读书的时候，少年总是翻个白眼，举着拳头说："现在这世道啊，得一刀一剑杀出路来，靠读书，不行。"

爹："是吗？"

少年："那肯定啊。"

于是少年就被他爹追着揍，揍出三四条街去。

少年还是不服说："老爹你看，我就说是拳头有用对不对，读书有用你讲道理嘛。"

爹一头雾水。

少年从小就叛逆、调皮，书不读也就算了，还不参加贵族们的聚会，天天散漫不羁，一身落拓青衣，就去行侠仗义。

当然，行侠仗义也是需要钱的，这世上有许多困难，最难的就是没钱。

少年的目标是当世大侠，哪在乎这点钱，仗义疏财，扶危济困，半点书都没读，硬是闯出偌大的名声。

那天，少年他爹还是把少年叫到了房间里，决定跟这孩子来一次长谈。

爹说:“你出去这么多年,能救多少人?”

少年说:“救一人便是一人。”

爹说:“若你为官,又能救多少人?若来年天下大乱,神州陆沉,你为将又能救多少人?”

少年深吸口气说:“爹我懂了,我这就去读书。”

爹长叹一声说:“我若早知你有如此心气,便该早对你说这番话,现在读书,怕是有点晚了。”

少年一笑说:“爹,不晚。”

四五年间,就博览书籍,涉猎古今,谈吐不凡,还卓有见识,比得上他爹读四五十年。

爹一头雾水。

所以说,不要跟天才们比,天才们文武双全,天才们横压当世。

那年少年终于出去当官了,司州主簿,这会儿少年正是举目天下,唯独自己是英雄之时。

没想到就遇到了一个好朋友。

这位好朋友为人旷达不羁,爱吹笛,喜饮酒,诗写得特别好,酒也喝得特别讲究。

什么样的酒,配什么样的杯子,什么样的饮食,配什么样的曲子,一举一动都十分具有贵族气息。

而且还是一个颇以天下为己任的贵族。

少年常与贵族纵谈天下大事，一谈便谈到凌晨三四点，甚至通宵不眠。有时候这两个少年躺在床上睡不着，就开始吹牛。

少年说:“倘若来年真的天下大乱，你我当相避于中原。”

贵族说:“不错，否则二龙相争，徒损天下。”

少年们哈哈大笑，窗外鸡啼东方。

没承想一语成谶，天下真的乱了，八王之乱爆发，战争经年不息。贵族少年的父母死在这场战乱里，贵族少年一怒领兵，大破叛军。

而早年的游侠少年，却败在荡阴一战的乱局之中。

少年沉默下来，他发现王爷们之间的相互攻杀，不会轻易停止，也没有任何意义，他身边的将领随时可能叛变，也随时可能投降。

这场战争没有任何意义。

他拒绝了许多人的邀请，决心不在涉足这场乱局，他的目光放在了更远的北方。

那里的异族已经整理好军备，虎视眈眈望着中原了。

几年以后，八王之乱的尾声还没有奏响，北方的胡骑已经南下，踏毁了世家门阀的高歌，踏灭了贵族的奢靡烟云。

少年沉默着带着部曲，跟着败军一路南下。

这时的天下，是真的乱象丛生了，王爷们的军队早已溃散，衍生出无数的山匪，少年南下的时候就碰见过几波。

有时少年登高望远，预判出山匪的路线，巧妙避过。

有时狭路相逢,少年的眼中又绽放出许久未见的光彩,他一怒拔刀,所向披靡。

他把车马让给老弱,把药品粮衣让给士卒,只穿着简单的青衫,提一把单刀,徒步跋涉在所有人的前面,带着这些人去往南方。

少年说:“放心,我们会打回来的。”

这一路南下,少年的声名更大,被任命为官,率部驻守京口。少年却不想止步于此,南方的朝廷既然已经初步安定,他想,这就是报仇的时候了。

少年说:“请圣上发兵,臣愿领兵北伐,一雪国耻。”

奈何这会儿天子刚坐稳江南,还忙着收拾残局,忙着整理南方的势力,联络各处门阀,对于北方的凶险战事,并不关心。

天子十分想告诉少年说:“北什么伐啊,好好活着不行吗?”

但天子显然又不能这么说,于是给了少年三千匹帛,一千人的粮饷,说:“朕允你自行招募敢战之人,自行锻造兵器,你去吧。”

这要是个明事理的,就应该明白天子不想北伐,兵士招募不到,兵器锻造不利,随便找个借口也就不必再提北伐了。

少年没有。

少年就带着自己南来的部曲和一群败军,毅然北伐了。

孤星北上,风萧萧,易水寒。

渡江之时,少年望着滚滚东流水和满目疮痍的北方大地,一掌拍在船楫上。彼时星月苍茫，两岸青山，少年的吼声穿越千年，响彻人间。

“祖逖不能清中原而复济者，有如大江！”

英雄气概，莫过于中流击楫。

那年，步入中年的祖逖收复河南，面对着痛哭流涕的当地父老，置酒高歌。他想起很久以前自己刚出来为官的时候，与贵族子弟刘琨秉烛夜话，闻鸡起舞。

如今这把利剑，足以让天下震惊。

只可惜纵然祖逖出兵多胜，对抗后赵每每占得先机，却还是无以为继。朝廷毕竟还是不信任这个孤悬在外的大将军，时不时暗中打压。

而南方的局势同样不容乐观，王敦拥兵自重，有谋反之势，大军浩荡，似要进逼京城。

一旦南方乱起来，北伐便又成泡影。

彼时的北方，西风呼啸，祖逖五十几岁，已经积劳成病，他白发萧萧，仍旧能出言作剑。

祖逖对王敦的使者说：“你回去告诉阿黑（王敦小名），让他滚回驻地，若再敢放肆，我就带三千兵马杀回南方，北伐功败，我便杀他祭旗！”

使者瑟瑟发抖说：“不敢动不敢动。”

王敦瑟瑟发抖说：“溜了溜了溜了。”

只可惜南方钩心斗角，朝廷尔虞我诈，留给祖逖的时间又没有多少，积劳成疾的他来到黄河岸边，一双昏黄的眸子只能徒然望着中原。

祖逖叹了口气，说黄河南岸，是兵家重地，城防要稳固，该多加修补了。

手下们听令，又纷纷抬头看着他说："将军，您保重身体啊。"

祖逖挥了挥手，他要再站一会儿，再望几眼中原。他最好的年华，最好的朋友都在那里，刘琨已经在北方孤城的奋斗中死去了，而他也终究没能北渡黄河，给他收尸。

祖逖心想，其实我这辈子，不太会用兵，无非是尽力让士卒吃些好的，穿些好的罢了。或许再给我二十年，凭我微弱的本事，还能渡过黄河。

可惜，时不我与了。

那年，黄河南岸的城池还没有加固完成，祖逖便病逝在秋风里。三军失声痛哭，河南百姓如丧父母，千里缟素，祭奠从闻鸡起舞，到中流击楫的英雄逝去。

参考文献：

《晋书》房玄龄编，中华书局1996年版。

从前有个汉子，没什么文化，但是人帅，还特别能打。

那会儿天下不太平，汉子从军，在名将手底下当个小小的斥候。

这位汉子有多能打呢，那天他跟兄弟们去前方探路，遭遇了数千贼兵。

兄弟们面面相觑，跑显然是跑不了，只能硬着头皮上去。

兄弟们果不其然，都死了。

汉子没有，汉子提着把刀，浑身浴血，死一个兄弟就爆一次血，在乱兵堆里刀光如龙，不知杀了多少人。

终于寡不敌众，被敌兵推下了矮山。

敌兵长舒一口气，正准备居高临下，万箭齐发射死这人，就又见到刀光一闪。汉子暴喝一声，纵身卷起刀光，徒手攀岩，所向披靡，谁挡谁死。

须臾，汉子又提刀站在了岸上。

江风猎猎，乱兵与汉子遥遥对视，有那么几个瞬间的寂静。

耽搁时间过于长了，上司觉着不对，猜到汉子可能遭遇大波敌军。

遂率兵支援。

然后上司就看见汉子一个人，正追着数千人在跑。

上司惊呆了。

就这么着，汉子开始在军中成为独当一面的人物。

比如镇守孤城，守城也不好好守，天天晚上仗着自己能打，带着敢死队就出去砍人。

无意间，就砍死了一位主将。

还让人早晨打开城门，派老弱去城头晃荡，敌军顺手抓了一个，问他说："你们将军呢？"

老弱："将军？昨天夜里走了啊。"

敌军信了。

敌军就开始争先进城，汉子突然跳了出来。

敌军一头雾水。

敌军心态崩了，被砍得抱头鼠窜。

敌军："……算了算了，我走还不行吗？"

对不起，不行。

敌军撤退的工夫，汉子城也不要了，带人就冲出去一顿追杀，砍得敌军哭爹喊娘。

有个官员看汉子太能打了，跟着汉子一定有肉吃，于是派自己儿子和一千兵马助阵。

汉子说:“你们就在阵后喊喊加油吧。”

儿子并不服气。

年轻人,气盛,容不得这波嘲讽,疯狂在前面追击,结果全军覆没。

至于汉子,汉子没什么毛病,也就是顾虑着兄弟们的死伤,没有硬刚,敌军追过来就好整以暇,装作还有埋伏的样子。

敌军大喊:“reported了尿了,溜了溜了溜了。”

敌军声势最大的时候,渡海而来,十几万人兵逼京城。

汉子的上司没能拦住乱军,只好传讯,让离乱军比较近的汉子先去挡一波。

汉子兵不满千人,乱兵十余万。

汉子就去了。

当时的场景,是汉子与乱军同时抵达丹徒,又这么巧,毫无防备的遭遇了。

丹徒守军早无斗志,汉子手下又长途跋涉,疲惫得很。

汉子说:“没事,对面一样累。”

遂率军就冲了出去,这场景大概就是:对面的十几万兵马,你们已经被我一个人包围了!

乱军一头雾水。

当时乱军的首领还在坐镇,正欢天喜地准备冲击京城,然后就突然发现自己的兵马阵容开始崩溃。

手下大喊:“不好啦！我们大军被几百人包围啦！”

首领一头雾水。

也不知道怎么输的,首领蒙了,就看着十几万人开始疯跑,一直逃到了海边,跳崖跳海的不计其数。

首领狼狈跑到船上,过了几天才把残兵又收拢起来。

多年后这场战乱平定,天下却仍旧不见太平。

有个枭雄,改朝换代,自己坐上了龙椅。汉子的上司没能阻拦住枭雄,事后自尽身亡。

汉子葬了上司,隐忍不发,思虑着如何报仇。

那些年枭雄还十分欣赏汉子,对汉子特别好,有人劝他说汉子太强,你得杀了汉子,才能坐稳位置。

枭雄说:“不行,如今神州陆沉,北方异族占据了半壁江山,我只有用汉子才能荡平天下,岂能杀了他？”

但枭雄杀了汉子的上司,为了整顿军马,还大肆屠杀上司的旧部。

那些旧部能征善战,史称北府兵。都是汉子的袍泽,生死相依的兄弟,汉子显然不能放下。

或许枭雄私下对汉子说过,光复中原,扫平天下,这才是我辈最该做的,儿女私情,不能太过在乎。

那些夜里, 汉子或许想过这些话, 但最终汉子还是决定起兵。

起兵那天,汉子带着一千多北府兵旧部,说报仇雪恨,光复中原，都由我们来做！

刀光落下，汉子杀了枭雄的弟弟，有泪水滚落，汉子闭上眼，看到了枭雄的灭亡。

与此同时，枭雄也得知了汉子起兵的消息。有人说他不必担心，汉子兵马很少。

枭雄叹了口气说："没用的，我死定了。"

这个枭雄叫作桓玄，果然不久覆灭，他的男宠用性命给他挡箭，与他一前一后，共赴黄泉。

从这年开始，汉子开始成为南朝第一人物。

在汉子很小的时候，有人见过他，观望良久才吐出一句话来：卿当为一代英雄！

汉子没有辜负这句话，两次北伐，连败南燕，不要问我具体是怎么打败的，就凭汉子这么能打，又能听人言，怎么打都是能赢的。

只不过天下间容不得这样一个英雄，后秦在西边虎视眈眈，十万兵马屯在洛阳，说汉子你再敢进逼南燕，我就抄你后路灭了你。

部下犹豫不决，汉子眼中精光四射，拍案就是一个字：打！

后秦那群人虚张声势，自己攻南燕时，南燕就坚壁清野，绕我的后路了，结果不还是被我打败了，绕后路又不是必胜，后秦又在与西边作战，他不敢以举国之力冒这个险。

果然，后秦始终没有出兵，两个月后，南燕君臣请求投降，割地赔款。

汉子笑了笑说:“我是来克复神州的,谁要你割地赔款?”

几个月后,南燕都城被攻破,南燕灭亡。

那年南燕刚灭,岭南的叛军又烧起了火,席卷江南,得信的汉子疯狂赶回,此时士卒多病,能战之力不过千人,十多万叛军进逼京城。

部下说:“要不还是撤吧,暂避锋芒。”

汉子:“避什么锋芒,老子从来不知道什么叫暂避锋芒,老子就是锋芒!”

当然,这次汉子打仗不是靠武力,汉子也是有头脑的。

乱兵什么最弱,一是攻城,二是粮草。攻城对方没有器械,粮草基本全都靠抢。

所以汉子加固城防,坚壁清野,硬生生拖得叛军身心俱疲。

敲黑板,考点来了,这个时候对面都身心俱疲了,以汉子的行事方式应该怎么办?

对,没错,他又杀出去了。

江面上一场火攻,叛军首领试图抵抗,但耐不住是汉子亲自领兵作战,这谁能守得住啊,来多少人都能打出一道缺口。

叛军遂败,这种叛乱基本败过一次,后边也就没人跟着打了。

平定叛乱之后,汉子威望更大,江南朝廷一向都是拉帮结派的,除了汉子,还有另外一位大佬占据长江中上游,觉得自己特别强，比汉子还强。

于是各种不服，各种挑事。

那汉子能忍？

刚开始发兵过去的时候，这位大佬还能稍微抵抗一下，虽然到最后还是困守孤城，但仍旧觉得自己是一方英雄，功亏一篑而已。

直到汉子亲自写信劝降，丢进城中。

所有人都知道汉子已经来了，于是所有人都瞬间失去了斗志。

大佬一头雾水。

大佬说："什么玩意儿啊！他有这么厉害吗！"

遂单骑逃亡，望着沦陷的城池，大佬觉得这辈子都没希望了，自缢身亡。

之后的几年里，汉子四处用兵，一改江南朝廷的软弱作风，灭谯蜀，收汉中，要把所有江南割据势力通通搞掉，一切为北伐做准备。

就连荆扬之地的王爷想招兵买马，不听号令，同样不行，说打就打。

只是这个王爷还有些本事，汉子派去的前锋竟然被他杀了。

汉子勃然大怒，决定要自己领兵。

王爷还是强的，王爷率兵早早等在峭壁上列阵，狙击汉子的船只，让他的部队无法登岸。

这位像男频争霸小说一样的男主此时会怎么办呢?

不要想得太复杂，这是本爽文，男主掏出刀来直接干就是了。

汉子抬手就要自己登。

这会儿汉子已经家大业大了,纵然他真的能干,手下人也不会让他干。

汉子恼怒地说:“你再不让我登,我就砍了你。”

手下说:“天下可无我,不可无公。”

汉子无语了。

汉子能怎么办,汉子只能叫别人去登,还是同一句话:“你要是不去登山,我就砍了你。”

手下也无语了。

手下说:“那……峭壁这么陡,怎么登啊?”

汉子给他演示了一下,刀光一闪,石壁上出来一个脚趾人的孔洞,汉子踩在上面,身子便如大鸟般腾起来了,空中再次出刀,再次上翻。

手下惊呆了。

手下怀疑自己是穿越到了武侠小说,而不是历史小说里。

不过这不重要,重要的是手下真的也能做到,当所有石孔都被凿出来的时候,正好上下两孔可手脚并用,普通士卒也随之登山。

王爷瞠目结舌。

王爷败的不亏,这谁想得到呢?

自此以后,江南朝廷各大割据势力全部消失,军政尽归于汉子手下。

汉子施行改革,大力提拔寒门,推行土断,发展国力。

而发展国力之后,便又把目光投向了北方。

他出身北府兵,那是谢玄将军北望神州的地方,是淝水之战震惊天下的地方,他要完成前辈们的宏愿,和他自己的抱负。

大破北魏,灭亡后秦。

自晋朝君臣渡江之后,洛阳、长安,这些我们所熟悉的名字,终于再次出现在汉廷之中。

功高盖世,显然不改朝换代也不现实,汉子正是南朝大宋的开国之君,刘裕。

人道寄奴曾住,气吞万里如虎。

在朝许多年,刘裕终结了两晋的门阀垄断,开始重用寒门子弟。

轻徭薄赋,重新分配土地,对结发妻子数十年不能忘怀,为她开了先河:天子立宗庙,在此之前都是只有父祖,刘裕第一个把结发妻子立进宗庙。

奈何天不假年,还没能等到北伐北魏,彻底荡平天下,刘裕便去世了。

有人请他求神灵庇护,延年益寿,刘裕只是轻狂地笑。

这些年来,他把所有神灵的庙宇都给拆了,只剩下先贤的祠堂还在,他说我一生行事,即便真有神灵,又能奈我何?

那天他终于能去见他的夫人，一生金戈铁马，气吞万里如虎,最后的愿望,只是与夫人合葬。希望九泉之下,仍旧有汉子爽朗的大笑,不绝于耳,振奋百年来沉寂的人心。

我脑海里现在回荡着那句话,说得真好:卿当为一代英雄!

参考文献:

《晋书》房玄龄编,中华书局,1996年版。

《资治通鉴》司马光编,中华书局2009年版。

《宋书》沈约撰,丁福林译,中华书局2018版。

第七部分　令人沉醉的魏晋风度

魏晋风度真是太有小说男主风范了，刚看到在后人的传说里，还有两则书生遇鬼的故事。

其中一个就是嵇康。

嵇康此人，大家都知道的，仗着自己长得特别帅，半个月不洗脸，还是被称为：土木形骸，不自藻饰，龙章凤姿，天质自然。

所以他无论走到哪里，都有名士愿意接待，深山隐士，也能与他长啸相答。

那会儿嵇康大半夜来了兴致，不睡觉，点起一盏清幽的烛火，就在烛下弹琴。

人如玉山，月前烛下，嵇康随便披上的宽大衣服垂落地上，而他神情散淡、鼓琴自若。

这画面，这风范，啧啧，鬼都忍不住要来看看。

鬼当然还喜欢搞恶作剧，鬼刚进门的时候，是一个特别小的东西，飘来，飘去。

嵇康还在弹琴。

鬼深深觉着自己的存在被冒犯了，陡然变大，有三米多长，脸色惨黑，草带乱飞，横在嵇康眼前。

嵇康还在弹琴。

就像是钟会带了一群人来，浩浩荡荡，权势逼人，嵇康还在打铁。

鬼无语了。

鬼恼了，疯狂摇动身子，烛火摇摇欲灭。

嵇康终于抬头，目光如电，配上自带的古琴 BGM，吓了厉鬼一跳。

厉鬼不敢动了，嵇康也不说话，就这么静静看它。

看了半晌，嵇康回头吹熄了烛火，说："耻与魑魅争光。"

遂罢琴曲，上床睡觉。

鬼更无语了。

那句话说的真好呀，只可惜世间的魑魅，容不下嵇康这样的人。

当初嵇康家贫打铁的时候，钟会来找过他，带着司马家的征召，被嵇康拒绝了。

龙章凤姿，天质自然，又岂会在浊世里打滚呢？

司马家容不下这样的卧龙，借机诬蔑，随便找了个由头问罪处斩。

嵇康也有这样的准备吧，死生之外无大事，有魏晋风度的这群人，生死也不过谈笑中事。

死便死矣。

那天在刑场之上，三千太学生洒泪尘外，请求拜嵇康为师，嵇康没有答应。他只是抬头看着光影，忽然开口说：“有没有琴？”

四周手忙脚乱，给他递上一张琴。

嵇康轻抚着这张琴，日影摇动，琴声乍起，午时三刻时辰到时，琴声刚好停下。

他长叹道：“广陵散于今绝矣！”

时年四十，与世长辞。

另外一个遇鬼的书生叫阮侃，嵇康生前，常与他诗文唱和。

那年他也遇到了鬼，在上厕所的时候，突兀窜出来一个三米多高的玩意儿。

脸色惨黑，白衣草带，与阮侃近在咫尺。

阮侃旁若无鬼，上完厕所扎好腰带，还贴近了仔细观察那只鬼。

他又冲鬼笑了笑说：“从前我听我的一个朋友说过，鬼都长得很丑，今日一见，果然如此。”

鬼有点诧异。

阮侃又叹了口气说：“可惜我再也见不到那个朋友了。”

阮侃转身离去，那只鬼莫名地感到悲伤，仿佛他身处的这片天地、这个时代，都悲伤起来。

莫名的，这只鬼想把很久以前听过的一首曲子唱出来。

鬼吼如弦，很多年前那个耻于与他争光的曲子，在他内心深处响到阔别已久的人世间。

广陵散起，阮侃霍然止步，天地悠悠，悲从中来。

广陵散终，阮侃泪如雨下，再回首时，那只鬼已经不知所踪了。

那个时代终将过去，那种风度也终将消亡，只能在岁月的长河里不断打捞，捕一缕风，捉半片影。

参考文献：

《晋书》房玄龄编，中华书局1996年版。

《古今谭概》冯梦龙编著，栾保群点校，中华书局2018年。

魏晋名场面的背后，都特别让人心酸。

比如那个著名的酒鬼，刘伶同学。

这位酒鬼的名场面极多，随随便便出门都是个名场面：他拎几壶酒，醉倒在鹿车之上，后边还跟着个提锹的下人。

刘伶说："死便埋我！"

许多年后的辛弃疾说："大佬牛（破音）！"

这位酒鬼自然也遭遇了跟辛弃疾同样的波折，喝酒喝得太多，他媳妇把他酒具全给砸了，说："你不能再喝，再喝要死的。"

放一般名士那，肯定就挥挥手说："世道如何，命又如何，活着不能喝酒又能如何。"

刘伶不，他使劲点头，鼓掌说："媳妇你说的好哇！"

然后说自己自制力不够，两人拜神，准备给神灵起誓，媳妇简直高兴得不知所措。

刘伶一本正经说："天生刘伶，以酒为名……妇儿之言，慎不可听！”

媳妇一头雾水。

刘伶跳起来抢了酒就跑，吃肉喝酒，醒又复醉。

喝醉了还跟人吵架，眼看着别人就要抡拳头揍他，他嘿嘿一笑说：“我这鸡肋一样的身材，你砸我身上拳头不疼吗？”

那人也失笑，竟然没揍他。

就这么混着，他一个身长六尺，容貌丑陋的酒鬼竟然混进了竹林七贤的团队里。

绝世男团，颜值能打，才华横溢，唯独有一个又矮又丑的刘伶。

所以男人又矮又丑没关系，最主要是有才华。

当然有风格那就更好了。

刘伶当然有才华，写诗、写赋，说从前有个爱饮酒的圣人，以天地初开至如今，在他眼中不过一日，万载光阴荏苒，也只是须臾。

所以日月为门窗，浮云为帷幕，大地一枕席，世俗礼法更是无稽之谈，只“唯酒是务，焉知其余”。

刘伶醉眼惺忪，似笑非笑，他说喝酒好啊，酒至酣时，雷霆巨响你听不见，泰山将崩你看不清，水深火热你都可以感知不到，俗世的所有纷扰，都不会让你动心了。

你说，那该有多好啊。

竹林里的朋友都举杯共饮，他们没有说话，也没有应和，是啊,这天底下那么多不爱喝酒的人,怎么也听不见雷霆巨变,也看不到泰山将崩呢?

王戎和山涛对视一眼,他们是红尘中人,或许是因为红尘的俗事太多,想活下去,就只能看不见,听不到。

阮籍倒觉得刘伶所说是个好办法,他也日日高歌饮酒,想醉个酣畅淋漓。

奈何他的才情更高,躲不过去。

嵇康躲都不躲,只能弹罢广陵散,当先赴黄泉。

向秀投降了,他去找司马昭屈膝下跪说:“从此以后我就是你的臣了。”

那个曾经与嵇康一起打铁的年轻人,一身的硬骨终于还是撑不住了。

这样的世道里,容不下旧时代的高歌,只有权贵门阀的声色张扬才是唯一的主流。

北方的胡马会如何,底层的寒士会如何,大家都笑着饮酒玄谈,温润如玉,装作没看到。

谁去看了,还明目张胆地大叫出来,谁就要死。

刘伶不想死,也不想失了一身的骨气,所以他只好不要脸了。

他大醉高歌,笑他见到的几乎所有人然后开始裸奔。

于是那方寸之间的清静才终于得以保全。

当年竹林酒肆短暂的欢歌,注定会在时代的洪流里灰飞烟灭,只剩下浮夸的举止深深刻在史册上。

参考文献:

《晋书》房玄龄编,中华书局1996年版。

《世说新语》刘义庆著,沈海波译,中华书局2007年版。

从前有位淡定圣手，无论内心多么飘摇，脸上始终都风轻云淡。

比如有次去海上玩，偶遇大风浪，朋友们都吓得不轻，这货还吟笑自若。

船家说："哟，贵人牛啊，那咱们迎风破浪，继续往海上走走？"

遂前行不停。

这货无语了。

这货轻咳两声，也不吟了，也不笑了，淡淡向船家问道："您看这么大风浪，再往里走，我们怎么回去呢？"

船家一头雾水。

船家面无表情，默默把船开了回去。

那会儿男主还在隐居，他家里不少兄弟都在朝为官，他娘子就问他："你怎么不去当官，不想要钱？"

这货叹息说："是啊，可惜富贵总会砸在我身上，躲都躲不了。"

娘子无语了。

男主判断还是精准的，朝廷几次三番征召，又赶上家中兄弟打了败仗，他终于出山，迤迤然去往更广阔的天下。

那会儿有个将军，兵强马壮，随时可能改朝换代。那年将军进京，传言要杀了男主和男主朋友，掌控朝堂。

朋友胆战心惊，面见将军的时候，还看见屏风后面影影绰绰，似乎暗伏刀斧手。

朋友吓得一抖，扭头去看男主。

男主如闲庭信步，笑容散淡说："走吧，社稷存亡，在此一行。"

朋友哭丧着脸，手版都拿倒了，仓皇在席间落座。

将军看了看朋友，男主也看了看朋友，接着二人相视大笑，举杯饮酒。

朋友汗流浃背，话都说不利落。

将军笑着与男主寒暄，目光有如蜂刺说："你知道我请你们二人来，是要做什么吗？"

男主笑着点头。

将军说："我看你像是来清谈的，你当真知道？"

男主目光扫过屏风，笑着说："将军是镇守四方的诸侯，我们是朝中的大臣，谈的自然都是治国之道，只是我不太明白，诸侯有道，威震四邻，安插人手在墙壁之内，是为了什么？"

将军扬声大笑说："天下间想让我死的人多不胜数，不得不防而已。”

二人笑谈良久,将军看不清男主虚实,不敢轻易动手发难,终究撤走了刀斧手,至死也没真正踏出改朝换代那一步。

或许朋友问过男主说:“你就不怕吗?”

男主说:“怕啊,怎么可能不怕,只是倘若你我都怕了他,那他还会怕谁呢?”

男主笑了笑说:“身在这个世道,你又有这等身份,无论发生任何事,都只能云淡风轻。”

朋友若有所思说:“这就是你假装忘了欠我钱的原因?”

男主一头雾水。

朋友说:“咳咳,不存在的,这是作者自己写的,历史上我可没说过。”

总之那几年,男主凭自己的本事,在风雨飘摇里稳住江山,又力排众议,让自己侄子去往前线领兵,抵御强敌。

朝堂里当然会有非议,男主的朋友都快急坏了,男主稳如泰山。后来侄子四战四捷,那些非议也就消散了不少。

真的,无论发生什么事,男主都是云淡风轻,闲庭信步,仿佛天下事都成竹在胸。

我们根本不知道,他内心里有过多少个不眠的夜晚。

就比如不久之后,北方强敌倾举国之力,要南下灭国,仓促之间,男主只能调动对方十分之一的兵力,仍旧给了侄子去打仗。

侄子一头雾水。

侄子说:“叔,你这是让我做千古罪人啊!”

男主笑呵呵地说:“不会的,朝廷自有安排。”

侄子说:“……你倒是给我安排得明明白白啊,你什么都还没说啊!”

男主说:“不急,你等我先去跟朋友下局棋。”

侄子一头雾水。

然后男主就真的去下棋了!跟他下棋的哥们儿叫张玄,之前男主就没赢过。

结果那天侄子派人去找了张玄,拜托他一定问出男主的指示,男主还是笑而不答。

男主说:“下棋下棋。”

张玄说:“……不会您也没想好吧?”

男主说:“被你发现了!”

张玄也一头雾水。

男主说:“下棋啊,你看我干吗,我刚说话了吗?快点下,输了你把你这座别墅送我。”

张玄无语了。

果不其然,最后张玄就输给男主一座别墅,男主大笑着扬鞭而去,临走,还不忘对身后站着的外甥羊昙说:“别墅给你啦。”

言未落地,又登山游玩。

月上中天时,男主才叫来了侄子,娓娓道来,把对敌之策说了出来。

还是一如既往的模样，风轻云淡，成竹在胸。

那场大战，叫淝水之战，战事结果出来的时候，男主又在跟人下棋，客人眨眨眼，没忍住问：“怎么样了？怎么样了？”

男主轻描淡写：“无事，小儿辈，大破贼矣！”

客人大声叫好，男主轻轻微笑着继续下棋了。

直到客人走后，男主才翻出奏报，一遍一遍地看，看得哈哈大笑，一不留神，走进门口时被门槛撞断了鞋跟。

男主自然就是谢安，一生风雨不动安如山，内心抗过了无数不见于史书的波澜。

如明月大江，令人心驰神往。

那位被送了别墅的羊昙，在谢安死后，路过谢安曾经来过的西州门，不禁放声痛哭，泪下沾襟。

长吟曹植诗曰：生存华屋处，零落归山丘。

如今乌衣巷里寻常燕，山丘也都作了土，唯有谢安的魏晋风度，长存在青史心间。

偶窥书简，似乎还能看见他朗然一笑，带着几分潇洒，再探人间。

参考文献：

《晋书》房玄龄编，中华书局1996年版。

《资治通鉴》司马光编，中华书局2009年版。

魏晋风度，真是个了不起的东西，人们可以放肆地表达对美的追求。

荀彧的儿子荀粲就曾经说过，女子有没有德并不重要，好看才是王道。

当时人就很震惊。

荀粲不管，就娶了曹洪的女儿，天天让姑娘穿好看的衣服，化美美的妆。

姑娘心也很大，别人说什么你男人只是爱你的脸，她都不管，全然不顾世人眼光，与荀粲恩爱非常。

荀粲玉树临风，玄谈辩论一时无两，与姑娘站在一起宛如金童玉女，羡煞旁人。

只可惜红颜薄命，不久后姑娘卧病在床，荀粲四处奔走，却没有任何效果。

姑娘弥留之际，全身发烫。

彼时冬雪满天地，荀粲便跑去庭中，将自己冻僵。他回身紧紧拥抱着姑娘说："会好的，一定会好的。"

姑娘笑了笑说："夫君，我还美吗？"

荀粲冻得青紫，连连点头说：“美，比月下的雪满乾坤还美。”

姑娘说：“那就好，那夫君以后念起我，还会有些许爱意在，对吧？”

那夜姑娘说了很多话，都消散在千年长河里。

只能看到灵堂里的荀粲，失魂落魄，连泪水都流不出来。

那些娶妻只看脸的话，荀粲都已经忘了，有朋友用这些话来开解他说：“你找到更美的姑娘仍有机会。”

荀粲望着虚空，怔怔摇头说：“没机会了，再找到我娘子已经没机会了。”

几天后，魂销魄散，同归黄泉了。

参考文献：

《世说新语》刘义庆著，沈海波译，中华书局2007年版。

五

【刀光里有故人的轻叹】

那年洛阳春暖，姑娘降生在荀府。五十年前，姑娘的玄祖父荀彧住在这里。

姑娘生在望族，洛阳牡丹花开早，舞榭歌台山月好，父亲常与名士诗酒风流。

姑娘卓尔不群，不喜刺绣诗词，只醉心刀剑。

姑娘说："每一次挥刀，都像听到金谷园里曲水流觞，故人轻叹。"

父亲就笑说："你这么小的人，能有什么故人？"

姑娘一本正经对父亲道："有的，刀光是星辰坠落，刀风里有星辰曾照过的故人。"

父亲没再管她，家大业大，养一个有江湖幻梦的女儿又有什么所谓？

如果不出意外，姑娘十四五岁说门婚事，江湖路远，侯门渊深，也便了此余生。

即便世恶道险，烽火连年，荀家毕竟是名门，还都能稳如泰山。

只可惜中原大乱，几路王爷互相攻伐之时，北方的胡马卷起铁蹄，汹汹南下。

神州沦丧，洛阳城破，父亲带姑娘向南逃亡。

南逃途中兵荒马乱，再不能随遇而安，父亲当机立断，拥护南渡的王爷为主，替王爷都督江北诸军事，镇守宛城。

父亲落脚还没几天，敌军便已杀到。

千军万马将宛城层层包围，宛城守军不多，粮草更少，城破只在旦夕之间。

诸将得过且过，更是没一人敢出城求援。

姑娘说："要不我去吧。"

爹看了眼姑娘，姑娘今年虚岁十三。

爹说："你的心意为父领了，但为父不能让你去送命吧？"

姑娘没再说话，恍惚间父亲似乎听到风里传来一声叹息，有弧光潋滟，父亲回神之际，姑娘的刀已横在父亲颈间。

姑娘说："爹你放心，我一定带援兵回来。"

爹怔怔点了点头，他从没在军中看到过这样快的刀。姑娘离去的时候，爹忽然开口道："是为父错了，刀光里确有故人归，为父就在城头等你提刀归来。"

姑娘扬眉一笑，跃马扬刀，带将士夜半而出。

那一晚宛城城外如有流星飞坠，姑娘横刀沙场中，夜阑吹断千山月。

姑娘往返冲杀，振奋军心，刀光所到，救下无数弟兄，三军奋力冲出重围。

敌军衔尾追击，姑娘知道部下人困马乏，撑不了太久，她扬刀斜指道："进山！"

有弟兄惊慌说："如果敌军围山，我们岂不全都葬身于此？"

姑娘沉静道："如果敌军围山，宛城之危不救自解，彼时我再带你们冲出去就好。"

轻描淡写，士气大振。

那夜敌军在山前徘徊良久，还是撤军去回围宛城，姑娘率军求援，抵达曾在父亲手下做事的故吏所在之地。

故吏见到姑娘的时候，姑娘一身污浊，唯独那柄刀还亮如霜雪。

故吏道："荀……荀大小姐？"

姑娘道："开门，整顿城内兵马，即刻兵发宛城！"

姑娘一抬头的杀气惊散楼头雀鸟，故吏忙不迭开城迎接，苦着脸道："城内没多少兵马，便是去了宛城，怕是也很难解围。"

姑娘眉头一蹙，稚嫩的脸庞与残留的血污让故吏触目惊心。

姑娘道："拿纸笔来，我给豫章太守周访写信。"

故吏有点蒙，周访虽是将门出身，但家世远远及不上荀家，平素尚无交情，怎会出兵呢？

姑娘提笔说："英雄不问出身，若此次能化险为夷，愿与周访结为兄弟。"

落款是姑娘父亲的名字，旋即连夜快马，将信送给了周访。

故吏惊叹。

高门望族折节相交，周访大喜过望，当即派儿子周抚出兵救援。

合兵之后，周抚朝姑娘点头一笑说："这些日子辛苦姑娘，我辈定会给宛城解围。"

姑娘翻了个白眼，率兵打马便走说："城池危在旦夕，还有工夫废话。"

周抚无语。

那天周抚见到姑娘阵前的刀光，仿佛听见一声声清脆的呼喊，恍惚间是姑娘笑靥如花，站在他的面前。

周抚脸一红，旋即挥军跟上。

父亲站在城楼上，见黄尘滚滚，刀光匹练般在尘中闪烁，他大声喊着说："是我女儿回来了，是我女儿回来了！"

兵出宛城，夹击之下大破敌军。

历史上的故事到这里就结束了，姑娘名叫荀灌，文武双全、沉静果敢，荀彧有这样的后人，九泉之下当可安心。

至于姑娘嫁给了谁，她才十三岁，后来半生里如何沉浮，不曾见过记载。

只有十三岁时的沙场刀光，永远存于青史里。

当然如果继续像这样写成小说，倘若姑娘嫁给周抚，偶尔嫌弃的翻翻白眼，周抚还只嘿嘿地笑，乐在其中。他们再一起经历王敦叛乱，蜀中平叛，那想必也无限有趣，无限有趣。

参考文献：

《晋书》房玄龄编，中华书局1996年版。

从前有个书生，特别有气质，举手投足都是潇洒旷达，宛如清风明月。

可惜，婚姻不幸。

书生的配偶出身名门，却像乡野愚妇一样，信什么五斗米道。

跳大神，画符箓，还要拉着书生一起信。

书生很无语。

书生回家的时候，忍不住跟叔叔吐槽说："世上怎么还会有这样的傻子呢？"

几年以后，世道变了。

那年世道不太平，有叛军作乱，攻到书生所在的城池。

书生几次三番，提议领兵出战，或者固守防御，却都没有结果。

因为城池里的人，都更听书生配偶的。

配偶还在踏星踢斗，施法完毕得意扬扬，说本人已经请了鬼兵相助，大家吃好喝好就是。

然后，然后叛军就攻进城池，砍死了配偶。

配偶说："鬼兵呢?鬼兵哪去了？"

没有鬼兵，只有一声刀鸣。

配偶临死前的一回眸，恰看到书生提刀，从房间里走出来。

宛如松下风，涤荡清凡尘。

那天，书生的配偶和孩子都被乱军所杀，唯独剩下个三岁的外孙，被书生救了下来。

书生目光灼灼，手起刀落连斩数人，可惜寡不敌众，最终被擒，外孙也命悬屠刀之下。

书生凛然不惧说："事在王门，何关他族！非要杀这孩子，那就先杀了我！"

叛军头子耸然动容，竟就此放了书生和外孙。

并派人一路护送，送书生去了安全区。

这个故事里，有一件事我没说，或许叛军头子这个耸然动容，不够有力度。

这位书生，是一位女书生。

所谓书生，其实是个姑娘。

那天城破，叛军大肆屠杀，唯有姑娘提刀对抗，更是旁若无人，敢慷慨赴死。

叛军头子耸然动容!

四十万人齐解甲，更无一个是男儿。

这句诗该早几百年问世，送给这位姑娘。

姑娘还长得好看，但你说她闭月羞花，那就是俗了，俗不可耐。

人家姑娘风韵高迈，从小就非同凡响。

有次外面下雪，她叔叔来了兴致，说："你们觉着，大雪纷飞何所似呀？"

某哥们道："撒盐空中差可拟。"

姑娘无语。

姑娘清了清嗓子说："未若柳絮因风起。"

不错，姑娘便是谢道韫。

谢道韫的草包夫君，正是王羲之的儿子王凝之，菜，是真的菜。

本来谢安是想把谢道韫嫁给王徽之的，王徽之好呀，某个大雪天，突然想起自己的朋友戴安道，说去就去了。

等到门前，人还没见着，又笑着回家了。

王徽之说："乘兴而来，兴尽而返，何必见戴？"

这是个妙人啊。

只可惜这个妙人太不拘小节，又没有实干之才，谢安就没让姑娘嫁给他。

这么一说……王羲之家的儿子……都挺菜的。

那年姑娘嫁过去没多久，有人来找王献之清谈辩论，半晌，王献之就结结巴巴，尿了。

这时，谢道韫从后堂缓缓走来，让婢女在客人面前拉起一道青纱帐。

姑娘端坐帐后，微微仰首对客人说：“继续吧。”

三言两语后，扭转战局，最终客人落败，告辞离去。

那时姑娘望着堂外的天空，想来是会有长长一声叹的。

这世上究竟有什么人，能配得上谢道韫呢？

很多年以后，王凝之被叛军杀死，姑娘被叛军护送离开，终于过上了自在点的生活。

闲来题诗作赋，偶有名士来访，就隔着纱帐谈玄论事。

谈起小时候的未若柳絮因风起，也谈战乱之时的挺身而出。

某次与会稽太守谈完之后，太守逢人就说谢道韫使人心形俱服，而谢道韫，则说了句：殊开人胸腑。

指的是这番对谈，让姑娘解开了心中郁结。

那个年少时的长叹，此时也该有了答案。

这世上有谁配得上谢道韫呢？

唯有谢道韫配得上她谢道韫，何必再去世间另寻他求？

那天我在史书里见到她，仿佛天地为之一宽，日月随之高悬，姑娘从林间走来，谈笑洒然，疏朗不羁。

我拱手一拜，笑着目送姑娘离去。

参考文献：

《晋书》房玄龄编，中华书局1996年版。

前几天听朋友说起王谢世家,发现王羲之家的儿子们,都属于不务正业的典型,跟谢家的芝兰玉树很难比,但又非常有名士风范。

或许跟王羲之也很有关系,王羲之年轻那会儿,有大佬来招婿,他的几位兄弟都抢着出头,只有他袒胸露乳,躺在东床,浑然不以为意。

结果大佬就喜欢这种洒脱不羁的,拍案就说:“此乃东床快婿!”

这种世外之人,你也不能对他要求太多。

当然,王羲之这种风范在王家的儿子里也只有两人体现得淋漓尽致。

这两兄弟有次人在屋中坐,火从对面来,随时可能波及此处。

哥哥说:“溜了溜了溜了。”

弟弟深得王家精髓,淡定、从容,伸手轻轻唤来随从,令随从扶着自己缓缓踏步而出。

背后就是大火,真男人从不回头。

众人不禁为之神往,叹服,弟弟从此收割了一大批脑残粉。

哥哥说:“你快点,别真烧死了!”

弟弟说:“哦。”

后来兄弟二人渐渐长大,哥哥被桓冲拉去当官,哥哥显然也是个机灵鬼,知道桓家心怀不轨,对龙椅有非分之想。

当然,主要也是因为来自父亲的遗传,就是不想当官。

于是当了个骑兵参军,却出工不出力。

那天桓冲问他:“这么久了,看你也不干活儿,你知道自己当的什么官吗?”

哥哥说:“嗯,可能是弼马温,我看挺多马的。”

桓冲说:“……那你管多少匹马?”

哥哥说:“我哪知道,你去问我手下人吧。”

桓冲说:“最近病死了不少马,这你总知道吧?”

哥哥说:“未知生,焉知死?”

桓冲一头雾水。

这还不是最过分的,过分的是哥哥作为一个陪同桓冲出行的官员,碰见了大雨天,自己没有伞,硬是往桓冲的车里挤。

哥哥还一脸淡然说:“来,我陪陪你。”

桓冲无语。

桓冲能怎么办啊,桓冲也很无奈啊,人家是王谢世家子弟?闲时没事不能搞啊。

其实哥哥估计也很无奈,我又不想当官,我还要天天陪着桓冲这种人周旋,我不累吗?

偶尔有了空闲,哥哥就会找一僻静处,饮酒闲居。

那次哥哥在别人家暂住,刚到地方就没忍住,让人噼啪栽了不少竹子。

下人一头雾水。

下人说:“就住这两天,至于吗?”

哥哥就笑:“不可一日无竹也。”

这哥哥也是雅士,让他声名更盛的一件事,则是雪夜访戴安道。

那天夜雪初霁,月色清朗,四望皓然,哥哥独酌,咏左思《招隐诗》,忽忆戴安道。夜乘小船诣之,一夜方至,至门前而反。

路人一头雾水。

哥哥笑道:“吾本乘兴而行,兴尽而返,何必见戴?”

妙绝。

只是这么妙绝的哥哥,还是有佩服的人,那自然是从不回头看大火的弟弟。

哥哥常对人说:“我弟弟才学高妙,风雅有量。”

奈何人在江湖,身不由己,弟弟有一位女友粉乃是公主,死活就要嫁他。

此时弟弟已经有了妻子,为了拒绝公主,甚至灸足自残,表示我一个残废,你就别嫁了吧。

然而弟弟低估了公主的决心,就是弟弟去死,公主也要跑到阴间去找他。

弟弟的妻子叹了口气说:“算了吧,我们离婚就好。”

那时的弟弟默然不语,看着妻子渐行渐远。在他与公主大婚的好日子里,满脑子都是曾经站在自己对面的姑娘。

此情可待成追忆,只是当时已惘然。

许多年后,哥哥与弟弟同时病重,他们还强撑着病体互相留心对方的消息。

那年弟弟先走一步了,他们家都信道教,临终的时候有道门人物请他们做忏悔。

弟弟双目无神,想了半晌,茫然道:“不觉有余事,唯忆与郗家离婚。”

声落而逝。

隔着满目山川,哥哥突然睁开了眼,他抓住身边的人问:“为什么这些天都没有献之的消息,他是不是已经死了?”

哥哥顿了顿,又自己点头说:“献之一定是死了。”

像是回光返照,哥哥没有流露丝毫悲伤,很冷静的就要驾车奔丧。

路上风驰电掣,回荡在哥哥耳边的全是弟弟往年的琴声。车停,人下,没有泪可落。

哥哥踏入灵堂,拿起弟弟生前常弹的琴,想给弟弟再弹一曲。

琴弦却怎么都调不好。

哥哥愤而摔琴,仰天痛呼:“子敬,子敬,人琴俱亡矣！”

这个闯入灵堂，未曾流泪的哥哥，突然就因为悲恸晕了过去。

月余,便病逝人间。

这些东晋往事,或多或少大家都有听过,哥哥是王徽之,弟弟正是王献之。

参考文献:

《晋书》房玄龄编,中华书局1996年版。

《世说新语》刘义庆著,沈海波译,中华书局2007年版。

第八部分　乱世里的无名之辈

第八編　自然科學天文之部

一

那一年江北的桃花开了，田泓经常会想起自己小时，桃花开的时候他就躺在树下，父亲喝着酒，母亲织着布。

田泓觉得，那时节的阳光都是暖的。

“田泓，听说了吗，北边又要打过来了。”

江南的梅雨季节一来就不愿走了，细雨蒙蒙，淅淅沥沥几个月。田泓坐在军营里，听见雨滴击打在盔甲上的声音。

他的兄弟凑过来说：“怎么样，这次能跑得了吗？”

田泓的目光终于从回忆中抽出来，是啊，江北的桃花，故里的斜阳，那都是很久很久以前的事情了。

田泓对兄弟说：“不知道，看情况吧。”

沙场上的事，生生死死，谁又能说得清呢？

那年北方的胡骑南下，桃花和斜阳刹那间破碎，他的父亲死在乱军之中，他母亲抱着他，藏在草垛里，连哭都不敢出声。

后来他的母亲也死了，不足十岁的田泓坑蒙拐骗什么都做过，终于在南方的歌舞升平里活了下来。

落魄江湖上，水寒风似刀，这期间他也认识了几个兄弟。

兄弟几个商量着，不如我们去投军，在跟北方作战的时候，或许还能有机会逃回家乡。

“听说北边有个叫王猛的人，有点本事，我老家传来消息说，那里已经安稳下来了。”

类似这样的言论，常落在田泓耳中，其实他是不信的，天下大乱，什么地方能安享太平？最多不过是十年二十年的好光景罢了。

更何况，这两年王猛死了，北边的人跟疯了一样，非要大军南下，一统江山。

这是一场大仗啊。

自己这边领兵的将军叫谢玄，是个狠人，连田泓这样的军中小团体都抓得出来，人尽其用，给了田泓一个小将的职位，还派他们这些从北边逃回来的人做斥候。

谢玄说：“我知道你们之中不少人觉得我们打不了仗，也知道你们存着逃亡的心思，我只问你们一句话，你们难道就不想报仇吗？”

田泓在心里想，你是将军，你背负着家国耻辱，你想的是报仇。但我们都是草民，什么叫草民哪，就是割掉一茬再长一茬的东西，我们能活下来就已经是奢望了。

所以田泓对他的手下人说：“出去当斥候，都机灵着点，万一被抓住了,保住自己性命为上。”

田泓也说:“当然，如果有机会借着出任务的名头跑回家乡看看,那就回去吧。”

兄弟们这时却又不走了,都嬉笑看着田泓说:“我们走了,谢将军不得杀了你?”

田泓罕见地笑了笑,他说:“放心,我也会跑的,我早想好了,真被对面抓住,我就立马跪地求饶,对面让我干什么,我就干什么。”

那些天里,田泓等人打探完消息,谢玄就会带着他的北府兵杀出去,偶尔谢玄还会在辕门拍拍田泓的肩膀说:“兄弟辛苦了,回头我请你喝酒。”

每当这种时候,田泓心里总有种微妙的情绪。

谢玄是什么人哪,是谢安的侄子,名门贵族,平日里他只能跪着,抬头看都不能看一眼。

某次庆功的夜宴里,谢玄借着酒意,双眸放光,还说:“兄弟们,我要带着你们复兴中原,北人回家,南人立业,还天下朗朗乾坤。”

真好啊,田泓望着谢玄想,这就是大人物,大英雄的光芒啊。

这种光芒会让谢玄抛下很多贵族的包袱，跟所有将士共同进退,称兄道弟,也会慢慢感染所有本来还惜命的人。

田泓猛灌了一口酒,他想:“不行了,再不走怕是真的不想走了。”

那年友军驻守孤城,谢玄准备派人去告诉友军,自家的兄弟已经来了,撑住,只是往来的路上布满敌军,没人知道其他小路。

田泓深吸口气，越步出列说：“将军，我来试试吧。”

谢玄望着他说：“好，事不可为便尽快回来。”

田泓点点头，沉默地离开了军营，他望着荒野上的分叉路，想自己究竟是要直接离开呢，还是要完成这次任务再离开呢？

罢了，这些年谢玄把他当人看，不能误了他的事。

遂一头扎进水里，准备一路游到城下，去告诉孤城守军，谢玄即将抵达战场。

只是田泓没有想到，这一日波光粼粼，水中游动的阴影比平常更加显眼，又或许是敌军巡查得过分严密，竟然在城下河中，把他给揪了出来。

敌军冷冷看着他说：“你是何人？从何处来？”

田泓想起了自己常对兄弟们说的话：真到了被敌军抓住的这天，就该保下自己的性命。

他深吸口气说：“我是谢玄手下的兵，他派我来告诉守军，援军就要到了。”

敌军眉头微皱，心想留给我的时间不多了，我要尽快破城。

那如何尽快破城呢，敌军灵光一闪，劈手抓起田泓说：“我交给你一件差使办，办得好，我赏你百贯钱财，放你回家，如何？”

这一瞬间田泓有些恍惚，他觉得故乡的斜阳，盛开的桃花已经向他招手了。

他问敌军：“什么事？”

敌军说：“只要你去往城下，大声告诉他们，援军已经在路上被击溃了。城中人心惶惶,我辈快速破城,你就立下了大功。”

田泓沉默片刻,望了望远处的城池说:“好,我答应你。”

敌军欣喜若狂,带着田泓就奔赴城下,城头上的守军还来来往往,带着疲惫的神色奋力抵抗着北方敌军。

北方的风啊，带着故里的味道，田泓跪在青石筑成的高墙前,这个场景他脑海中想过很多次了,他也即将能实现他作为普通人的梦想了。

然后他又想起了自己的爹娘,父死眼前不敢哭,旁边似乎是谢玄的低语。

他说:“你不想报仇吗?”

田泓想,我只想活下去。

但是田泓抬起头，不知什么力量控制了他，他扬声大喊说:“援军将至,我单人来报,为敌所擒,兄弟们努力作战,替我报仇!”

城上城下,哗然一片。

慷慨激昂的声音还未落地，田泓的头颅已经被愤怒的敌军砍下了,那时田泓脑海中略过无数画面,纷纷乱乱,像极了小时见过的桃花。

原来做一秒钟的英雄,也是很痛快的。

参考文献:

《晋书》房玄龄编,中华书局1996年版。

从前有这么个故事，男主是个官二代，他爹是天大的权臣，龙椅都差点坐上。

所以爹一死，男主就开始被朝廷疯狂打压。

男主长得特别帅，平时读书练功，都是无师自通，男主就觉得自己是天选之子，该成就英雄事业。

然而男主每天早上醒来，就只能守着几百里的土地、几十米的卧室，干巴巴地数钱。

男主就很烦，很苦恼。

男二无语。

男二表示不能理解。

男二是男主府里的下人，那天男主郁闷，漫步在后庭饮酒，突然就见到了男二。

男主倒吸一口凉气，心想我家里怎么会有个比我还帅的大猪蹄子？

遂轻咳两声，找男二搭讪。

男二一张冷漠的脸，虽然人在淤泥之中，但心性还是高洁的。

古人讲“忠孝礼义信”，男二就是个正经人。

奈何正经人穷。

所以当男主搭讪，举起酒杯说一起来喝的时候，男二疯狂点头。

男二一边点头还一边说：“不行不行，我是下人您是主人，这样于礼不合，于礼不合。”

男主哈哈大笑，揽着男二就往屋里走说：“什么合不合的，想喝就来！”

男二能怎么办，男二又没男主力气大，缩在男主臂弯下，就只能委屈巴巴地去喝酒。

那天男主把满腹苦水都翻出来说：“我也有一肚子的才华，凭什么朝廷不用我？我爹晚年飞扬跋扈，手握重兵，都差点造反，但跟我有什么关系，你说，朝廷是不是有病？”

男二醉眼迷离，他想了想，重重点头说：“对，祸不及子孙，朝廷确实有病。”

男主大笑，笑得涕泪横流，他跋涉在孤寂的时光里，全世界都在打压他的自负，今日终于等到了一抹光。

那天两人都醉得厉害，后来男主时常来找男二，再后来整座府邸都知道，男二是男主的人。

就那种半夜一起睡觉的人。

刚开始男二当然是拒绝的，一本正经，声色俱厉，男主就笑嘻嘻地瞅着他。

瞅半天,男二脸红说:“当然你力气那么大,非要把我怎么样我也没办法。”

男主大笑说:“我不,我非要给你找出道理来。”

于是从春秋战国的龙阳君,说到汉朝的断袖之情,最终还是把男二忽悠到了床上。

后来男主毕竟有枭雄本色,抓住机会就能拉到同盟,争取兵权。

半夜里可能会与男二商议,天下偌大,下一步棋该走向何方。

那些年里,男主一步一步,终于掌控大权,朝廷也越发地忌惮他。

那年朝廷给男主扩大辖区,把另外几位将军的辖区都划分给他,朝廷是想让这些诸侯自相残杀,重整江山。

望着门外的天下,男主挥别男二,笑着说:“那我走了,你好好等着。”

男二这会儿有点紧张,但他没有表现出来,他说:“既然时势如此,就只能向前,不必回头,我生死都等着你。”

男主纵声大笑,踏出城去,在天地间掀浩荡烟波。

那一战男主灭了两方诸侯,盘踞八郡,封锁长江,像他爹一样,再次权倾朝野。

男二在家里,笑着迎男主归来。

越来越多的人拜访男主,男主也不避讳,连开会议事,都带着男二。

参加宴会,男主吃两口就把盘子递给男二,宠得肆无忌惮。

男二有点羞涩,男二又有点骄傲。

只是男主不仅在宠男二这事上嚣张,男主膨胀了,干什么都很嚣张。

男主要做他爹没做的事,那张龙椅,男主也很有兴趣。

男二毕竟还是正经人，跟男主在一起是他做过最不正经的事情。

但如今男主谋反,男二怎么都找不出道理。

他们吵了一架。

男主酩酊大醉回家,男二劝他收手。男主笑着摸他的脸说:“我凭什么收手,你不是告诉过我朝廷有病吗？”

男二说:“朝廷有病,要给朝廷治病,不是直接杀了他,你动手杀他,生灵涂炭。”

男主说:“你见过几个生灵,生灵都是蝼蚁,从来都是一将功成万骨枯,在意这些生灵,我早就死了！”

男二闭上眼说:“我不会跟你反的,既然你不听我的,不如杀了我,或者我自杀。”

男主陡然沉默下来,像是即将炸开的雷云。

男主猛地转身,向门外大喝:“来人,把他严加看管,谁要是敢让他死,我诛他九族！”

男主回眸,眼神像一匹孤狼在诅咒说:“你我同来,我不会让你走的。”

男二默默望着他,从此一语不发。

男主改元建国,逼晋帝退位,几个月后,惹出来一位惊才绝艳的英雄。

那位英雄名叫刘裕,辛弃疾那句气“吞万里如虎”,说的就是他。

男主被打得抱头鼠窜,几经辗转,仍旧不忘大声呼喊,让人看紧男二,逃亡路上也要让男二紧紧跟着。

男主神色狰狞地说:“我们死也要死在一起，你永远都不能离开！”

男二望着他,悠悠叹了口气,都到了这种时候,男二自然不会走。

那天男主逃亡在江河之上,突然遇到一小波朝廷兵马,两方人马静寂了片刻。

风从江心涌出来，男主忽然没来由地心慌，他向后胡乱抓着,凭空抓住了一只手。

那是男二站在他身后。

男主回头,泪水不由自主地流下,他听见风声呼啸起来,那是对面的兵马,放箭如雨下。

男二叹了口气,朝男主笑了笑:“别怕,我这就与你同归。”

遂昂首跨步,张开双臂,替男主遮挡箭雨。

男主撕心裂肺的呼喊里,男二疼得龇牙咧嘴,死得半点都不美。

男主跪倒在船上，神情萧索，须臾，有敌将跳上船来，一刀斩下了男主头颅。

男主自嘲的笑，残留的泪，永远定格在脸上。

这个故事里男主的叫桓玄，男二叫丁期，史料记载很少，加寥寥几笔，以祭余情。

参考文献：

《晋书》房玄龄编，中华书局1996年版。

从前有个叫阿秀的姑娘，生在魏晋，别人家的小姐姐都谈玄踏青，阿秀姑娘则在军中舞刀弄剑。

有朋友劝过他父亲说："这样的姑娘很容易嫁不出去的。"

父亲含笑望着阿秀，说那是天下间的儿郎，都太胆怯，配不上我家姑娘。

朋友无语。

那些年里，阿秀随父亲征战，弯弓搭箭，射出去年华如梦，射来韬略万千。

父亲是个脑残粉，往往在战后啪啪鼓掌说："女儿牛，女儿强无敌！"

阿秀无语。

战场上花开花落，触目所及净是鲜血，阿秀纵横日久，还是会累的。

某个军中的夜晚，阿秀找到她爹说："天下动荡不安，遍地都是狼烟鲜血，我们小打小闹，很难讲有什么用处，其实女儿不太想浪费生命在前线上的。"

父亲眨眨眼说:“那要浪费在哪儿？”

阿秀说:“嗯……就比方说像普通人家的女儿那样，在家等着老爹卸甲归来,我给你打水洗脚,伺候伺候啊。”

父亲啪啪鼓掌说:“平淡之中见生活真谛,女儿牛!女儿强无敌!”

阿秀无语。

随后阿秀就退居二线，开始给老爹当参军，掌管后勤什么的。

日常琐事里,阿秀笑靥如花,觉着自己过得无比充实。

某次汉嘉太守王载因公事来拜访她爹，或许是那笑容太灿烂,或许是这时代太萧索,当场看上了阿秀。

王载静了半晌,抬头说:“刺史大人,从今往后,您就是我爹了。”

父亲皱着眉,反应过来:“你配吗？”

王载一头雾水。

阿秀就在旁边,掩嘴笑个不停。

不久之后,王载还是与阿秀成婚了,父亲沉着个脸说:“那小子有什么好,除了长得还行,又懂点武功兵法,还算可以镇守一方……但哪哪都比不上我闺女啊！”

阿秀就暗暗笑着说:“行啦,以后我会多来看你的,你身边还有我弟陪着呢。”

老爹闷闷不乐,将姑娘交给了王载,王载笑呵呵地说:“爹你放心,我一定好好待她。”

那些年里,姑娘又在王载军中当参军,两人郎情妾意,从前的刀光剑影,似乎已经从阿秀的生命中远去。

奈何世道不太平。

宁州连年灾荒,西南等地疫病流传,有条件的官员大户,都南搬交州。

王载当然也是南迁官员之一,阿秀本会随夫君南下,却突然听到父亲染上疫病的消息。

阿秀深吸口气,告别王载说:“我弟弟在洛阳游学,我爹那个脾气,一定怕连累旁人,不让人照料,我得回去照顾他。”

王载张了张嘴,还没说话就被阿秀打断,姑娘笑道:“没事的,过不了十天半月,我就会带那个倔老头去找你。”

那天落日将大道斩成两段,王载与姑娘各自踏向南北。

他们都没有想到,宁州境内,已经有夷人蠢蠢欲动,要趁机作乱。

阿秀抵达宁州城的时候,父亲还叹着气说:“你不用过来,我这病很快就会好的。”

阿秀翻个白眼说:“我也不想来,谁让你是我爹呢?”

父亲嘿嘿一笑说:“我女儿就是牛,强无敌,王载那孙子有没有欺负你啊?”

父女二人谈笑间,夷人作乱的消息到了。

十万兵马所向披靡,父亲强撑着站起来,双唇乌青发白,阿秀抓住他的臂膀不让他去前线督战,被父亲一把挣开。

父亲又朝她笑笑,轻抚她的长发说:“我家姑娘,长这么大了啊。”

阿秀泪落如雨说:“爹,我来帮你,我来帮你抗敌!”

那些天里,乱军围城,粮尽无援。父亲油尽灯枯,病逝城中。

阿秀披甲提剑,失声痛哭,城中将士百姓,惶恐无主,天日惨淡,愁云蔽日。

当夜无星无月,阿秀守着父亲的尸体,察觉到曾经的刀光剑影又尽数归来。次日叛军再度攻城,人心惶惶里,听到长剑出鞘。

阿秀擦了泪,提着剑一步一步走上城头。

阿秀抖手出剑,剑光如千山清月,高悬中天,那片辉光漫洒,驱散了灰白愁云。

她说:“我爹死了,城由我守。将士继续封锁城头,城中百姓捕鼠挖草,以充军粮。”

阿秀的语气平静如海,渐渐定住城中军民的心神。这天守城之时,姑娘纵横冲杀,秋风与剑光在众人耳边响起,像是父亲病中的长叹。

夷人作乱的消息传到南方,王载眼前阵阵发黑,他当即提兵,披星戴月赶往宁州。

而此时宁州的城门,已在夜色里悄然打开。

阿秀深谙兵法,守城若不截营,城必定不能久守。月黑风高的晚上,姑娘领兵出城,剑光亮起的瞬间,她就是天地中的朗月。

乱军大溃，自相践踏无数，阿秀长剑一挥，掠起凉夜的风，落地碎成漫天大火，烧了乱军的营寨粮草。

那天之后，叛军攻城愈急，阿秀在城中呐喊："他们没有军粮了，胜败只在这几日！"

城中的草木也渐渐被吃光，人人都拼着血气，望见姑娘就望见了曙光。

当王载双眸含泪，以为要替妻子收尸的时候，他赶到宁州城下，只听到了一个叫李秀的姑娘，代父守城，击退叛军的传说。

王载一头雾水。

那天阿秀出城见到王载，多日的征战使她面貌蒙尘，笑起来也颇有疲惫。

王载鼻子一抽，两行泪还是滑落下来，他喊将士把粮饷分出去，上前紧紧抱住了姑娘。

此后的三年间，阿秀与王载镇守宁州，平定叛乱，海内清晏，五十八部夷族尽皆慑服。

从前那个狂吹姑娘的人换成了王载，每天呵呵笑着说："我娘子就是天边的日月。"

三年后，李秀的兄弟历经艰险，终于带着朝廷的任命来到这里，接替她镇守宁州。

弟弟初来乍到，有些慌，还想请姐姐留下帮他。阿秀笑着摇头，望向不远处等着她的王载说："不了，我要走了，我跟父亲说过，要回家过我的小日子。"

姑娘踏出门去，王载回眸一笑，也如谢家芝兰玉树。

参考文献：

《华阳国志》常璩著，齐鲁书社，2010年版。《资治通鉴》司马光编，中华书局2009年版。

附表

君主组一

	二十岁	三十岁	四十岁	五十岁	六十岁	七十岁
刘备	游学归来，得到资助，收留杀人犯关羽，招揽爪牙。	打完黄巾，受辱于督邮，刘备怒，打了督邮两百多鞭，跑路。	青梅煮酒论英雄，衣带诏事发，骗了老曹的徐州，又被曹操打得鸡飞狗跳，丢了老婆关羽。	得诸葛亮，出荆州，入西蜀，厉兵秣马，准备与曹操争夺汉中。	建国为汉，关羽张飞，先后身死，夷陵大火，白帝托孤，享年六十三岁。	卒。
曹操	根正苗红，不畏权贵，当洛阳北部尉杖毙犯禁的宦官家属。	在济南整顿吏治，打击贪官污吏，因不愿与权贵同流台污托病辞官。	找吕布报仇，打赢吕布，平定兖州，前几年焦头烂额，差点去举家投奔袁绍。	不辞千里远征乌桓大胜，歼灭余袁绍余孽，郭嘉随军病逝途中。	位极人臣，称魏王，荀彧自尽。几年后，汉中兵败，老病洛阳，享年六十六岁。	卒。
孙权	三伐黄祖赢得江夏。	打完赤壁之战，膨胀，开始在合肥给魏军送经验。	派陆逊在夷陵放火，大败刘备，称王。	基本风平浪静，没啥大事，处于作妖前的宁静期。	两宫之争，因太子之事大迁怒大臣，基本见谁骂谁。	作到死，祭祀天地头痛病发，人生赢家终于离场。

君主组二

	二十岁	三十岁	四十岁	五十岁	六十岁
刘表	洛阳游学，八顾之一。	参与太学运动，被宦官排挤，离京逃亡。	党禁解除，入朝为官。	荆州大乱，布衣孤身，单骑入荆。拢士族，杀叛贼，败袁术，坐稳荆州。	荆州太平，接纳刘备，治学安民。六十六岁，卒。
袁绍	任侠放荡，与曹操一起抢新娘，后为官濮阳。	隐居洛阳，结交游侠，阴养死士。随后入朝，准备铲除宦官。	斩杀宦官，血染皇宫。引狼入室，董卓进京。讨伐董卓吞并河北。	占据幽州，败公孙瓒，倨作张狂，有建国之意。官渡一战，灰飞烟灭，病逝邺城。	卒。
袁术	任侠使气，田猎游玩。	多次为官，得何进征辟。	诛杀宦官，讨伐董卓。任命孙坚，割据淮南。	自称天子，群起而攻，恰逢大旱，丧家之犬。投奔袁绍，半路遇袭，众叛亲离，呕血而亡。	卒。
吕布	读书习武。	丁原任命，为官主簿。	转投董卓，复杀董卓。李郭攻城，兵变战败，尚能单骑突围，刺伤郭汜。	兖州战曹，徐州破刘，大败袁术，一时无匹。后曹操水淹下邳，白门楼殒命。	卒。

君主组三

	二十岁	三十岁	四十岁	五十岁	六十岁
曹丕	十岁便已随父征战。二十三岁，任五官中郎将。	立为世子，平定叛乱，诛杀叛臣，结交名士。不久父亡，篡汉。	改革官制，集中君权，洛阳病逝，时年四十。	卒。	卒。
司马师	习文练武，结交名士。	为官无私，吏民称颂。	高平陵变，从容自若，兵控京都，父亡掌权。伐吴大胜。	诛杀夏侯玄，废立魏帝。领兵平乱，叛将文鸳冲阵，受惊，眼疾复发，于凯旋途中病逝。年四十八，卒。	卒。
孙皓	即帝位轻徭薄赋。经年之后，沉溺酒色，动辄杀戮，乃至灭族。	继续砍人，继续搞事，唯一理智，放权陆抗，抵御晋军。	晋国灭吴，来到洛阳，怼司马炎。	年四十二，卒。	卒。
刘禅	即帝位。	勤政爱民，平乱治国。	朝政平稳，魏国内乱，收夏侯霸。	黄皓干政，姜维远征。邓艾偷袭，兵临城下。北地王刘谌、霍弋皆请战，不允。刘谌举家自尽，刘禅举国投降。	乐不思蜀，卒。年六十四。

英年早逝组

	十五岁	二十岁	二十五岁	三十岁
庞统	质朴鲁钝，读书。	质朴鲁钝，读书，往见司马徽，称之为“南州士之冠冕”。	质朴鲁钝，读书。	周瑜幕府，勤勉工作，周瑜死后，千里送葬，环顾江东无人，西投刘备，献策取蜀，还未开始辉煌，便中箭身亡，年三十六。
郭嘉	清秀浪荡，读书。	嫌弃袁绍，辞职归隐，结交豪侠。	二十六岁，得遇曹操，为曹操出谋划策，筹划决战吕布，提出十胜十败。	预判孙策之死，君臣相知，携手远征乌桓，于最辉煌时病亡。享年三十七岁。
孙策	长得特别帅，四处交游，与周瑜一见如故，结为总角之好。十七岁，父亲战死，服丧领兵。	讨伐泾县，攻取庐江，离开袁术。邀周瑜，退刘繇，擒王朗，荡平严白虎。	决裂袁术，再取庐江，大败黄祖，五年间一统江东。 曹操喟叹：猘儿难与争锋也。	出行时遇刺身亡，卒。 年二十六。
凌统	父亲被甘宁射死，领父兵。战时，有督官侮辱亡父，杀之，亲自督战冲锋，大破贼兵。孙权壮其人，赦之。	破黄祖，随周瑜击败曹操、曹仁，仗义疏财，人称国士。	随吕蒙夺取长沙、零陵、桂阳。张辽威震逍遥津一战，为保孙权，浴血断后，身负重伤，亲兵战死，仅以身免。	还未及重用，病逝江东，享年二十九岁。

长寿组

	二十岁	三十岁	四十岁	五十岁	六十岁	七十岁
程昱	无事。	无事。	黄巾之乱，力挽狂澜，保住东阿。	兖州之战，保住三城。经年之后，再战吕布，粮尽屡败，曹操欲投降袁绍。程昱以人肉为军粮，击退吕布。	领兵镇守官渡前线。官渡大胜，领兵讨伐袁谭、袁尚。	留守都城，处理军政。十年之后，曹丕代汉，进封安乡候，病逝。享年，八十岁。
廖化	无事，后随军，为关羽主簿。	关羽战死，廖化入吴，心念旧主，诈死还蜀。	领兵镇守一方。	率军攻魏，破敌制胜。	抵抗郭淮，败于邓艾。	在朝建策，出境御敌，犹在剑阁，抵挡钟会，后主已先降邓艾。国亡病逝，年七十余。
贾诩	假冒段颍外孙，于叛军之中脱身，同行者皆死。	身居西凉，大抵无事。	董卓入京，数年败亡，劝李傕、郭汜收残兵，再攻长安。长安大乱。	转投张绣，击败曹操，经年之后，于曹操袁绍间辗转，劝张绣降曹。	预判赤壁之败，曹操不听。几年后，离间马超、韩遂，大破西凉。	曹丕为世子，闭门自守，不与世人来往。曹丕建国，封为三公，七十七岁，卒。

名臣组

	二十岁	三十岁	四十岁	五十岁	六十岁	七十岁
荀彧	娶太监义女,学习中。	留守兖州,吕布入侵,诸军叛乱,单骑退敌,平叛除奸守住兖州。	劝曹操硬怼袁绍,大胜官渡,封万岁亭侯。	无汉禄可食,卒。	卒。	卒。
诸葛亮	曹操屠徐州,逃难到襄阳,学习中。	得遇刘备,赤壁联吴,谋取荆州,领兵围攻成都城。	劝刘备上位,劝不住刘备东征,白帝托孤。	出祁山,打得司马懿"畏蜀如畏虎"。五十四岁,星陨五丈原。	卒。	卒。
陆逊	十四岁执掌家族,二十岁入孙权幕府,屯田。	讨山越。	夷陵放火,名震天下。	屡次劝谏,在孙权作死的边缘拉住他。	出将入相,两宫之争,忧国而亡,享年六十三岁。	卒。
司马懿	学习,与同窗闹矛盾,险些被杀。	被曹操强征入府,有狼顾之相,处理公文,勤勉政务。	辅佐曹丕,逢关羽水淹七军,华夏震动,力劝曹操不可迁都。	辅佐明帝,擒斩孟达,勉力抵挡诸葛亮。	明帝托孤,录尚书事,都督中外诸军。	高平陵之变,杀曹爽,大权尽归司马家,七十三岁卒。

名将组

	二十岁	三十岁	四十岁	五十岁	六十岁	七十岁
赵云	练武。	白马小将，随公孙瓒，结识刘备。	兄长辞世，归乡。出山随刘备，四处奔走。	长坂坡上，一骑当千。赤壁之后，平定荆州。参战益州，截江夺阿斗。劝谏刘备：国贼未灭，何以家为。	汉中之战，救援黄忠，匹马单枪，击退曹军。刘备称：子龙一身是胆也。	参与北伐，败于箕谷。街亭失利，率军断后。不久病逝，常山赵子龙，再未归常山，享年七十岁左右。
关羽	练武，杀人，被刘备收留。	随刘备救徐州。	刘备兵败，暂归曹营，万军丛中斩颜良。挂印封金，千里单骑。	镇守荆州。	水淹七军，大破曹魏，史称：羽威震华夏。几个月后，败走麦城，战死沙场，年六十。	卒。
夏侯惇	有人辱师，拔刀杀之。	黄巾大乱，追随曹操。	留守濮阳，败给吕布，回营被绑，险些被杀。还击吕布，被射左目，升官。	败给高顺，败给刘备，劝降田畴不成。逢官渡胜，攻破邺城，升官。	参战汉中，汉中之战，曹操败退。升官，都督二十六军。	荣宠有加，不经通传，可自由进出曹操卧室。曹操病故，旋即离世。年六十余。

90后组

	二十岁	三十岁	四十岁	五十岁	六十岁	七十岁
邓艾 90后	放牛,读书。	放牛,读书,指点山川,时人讥笑。	遇司马懿,上屯田策,得到重用,东南富强。	领兵出战,两败姜维。	文钦起兵,攻打司马。邓艾进军,大败文钦。移兵附亭,击退吴兵。转头西南,再挡姜维。	偷渡阴平,不世奇功!居功自傲,钟会诬告,以谋反诛。年六十七岁。
姜维 00后	父死沙场,受赐为官。	孔明北伐,太守弃城,姜维降汉。	孔明病逝,入羌作战。	费祎遇刺,姜维秉政,十一次北伐中原。	国破主降,姜维诈降钟会。欲借刀杀人,反间复国。计不成,以身殉国。时年,六十二岁。	卒。
钟会…225年	年少聪颖,风流倜傥,博览群书,任秘书郎。擅长假冒他人笔迹。	为司马昭谋主,筹划平淮南叛乱。经年,寿春乱,钟会假冒笔迹,写信离间,破敌制胜。	总揽朝事,杀嵇康。灭蜀,招降姜维。复又起兵,讨伐司马,兵败被杀。时年四十岁。	卒。	卒。	卒。

名士组

	二十岁	三十岁	四十岁	五十岁	六十岁
祢衡	鄙夷荀彧，裸衣骂曹，轻慢刘表，大骂黄祖。只敬两人，孔融杨修。	二十六岁，卒。	卒。	卒。	卒。
杨修	治学交游，举为孝廉。	担任主簿，处理丞相府内外事。结交曹植，狂猜字谜。	夺嫡失败，被借口诛杀。四十四岁。	卒。	卒。
孔融	让梨。孝义俱佳，闻名于世。	检举权贵，直言进谏。在朝刚正，得罪上司同僚，托病还乡。	任北海相，兴办私学，接纳名士，颇有政绩。黄巾贼至，无力平叛，求援刘备。	北海失陷，无力守城，受献帝诏入朝为官。讥讽曹操，提拔朝臣，名重天下为曹操所忌惮，网罗罪名，祸及全家，身死。	五十六岁，卒。